KIRGIZISCH

WOORDENSCHAT

THEMATISCHE WOORDENLIJST

NEDERLANDS KIRGIZISCH

De meest bruikbare woorden
Om uw woordenschat uit te breiden en
uw taalvaardigheid aan te scherpen

5000 woorden

Thematische woordenschat Nederlands-Kirgizisch - 5000 woorden

Door Andrey Taranov

Woordenlijsten van T&P Books zijn bedoeld om u woorden van een vreemde taal te helpen leren, onthouden, en bestudering. Dit woordenboek is ingedeeld in thema's en behandelt alle belangrijk terreinen van het dagelijkse leven, bedrijven, wetenschap, cultuur, etc.

Het proces van het leren van woorden met behulp van de op thema's gebaseerde aanpak van T&P Books biedt u de volgende voordelen:

- Correct gegroepeerde informatie is bepalend voor succes bij opeenvolgende stadia van het leren van woorden
- De beschikbaarheid van woorden die van dezelfde stam zijn maakt het mogelijk om woordgroepen te onthouden (in plaats van losse woorden)
- Kleine groepen van woorden faciliteren het proces van het aanmaken van associatieve verbindingen, die nodig zijn bij het consolideren van de woordenschat
- Het niveau van talenkennis kan worden ingeschat door het aantal geleerde woorden

T&P Books Publishing
www.tpbooks.com

ISBN: 978-1-78767-020-4

Dit boek is ook beschikbaar in e-boek formaat.
Gelieve www.tpbooks.com te bezoeken of de belangrijkste online boekwinkels.

KIRGIZISCHE WOORDENSCHAT
nieuwe woorden leren

T&P Books woordenlijsten zijn bedoeld om u te helpen vreemde woorden te leren, te onthouden, en te bestuderen. De woordenschat bevat meer dan 5000 veel gebruikte woorden die thematisch geordend zijn.

- De woordenlijst bevat de meest gebruikte woorden
- Aanbevolen als aanvulling bij welke taalcursus dan ook
- Voldoet aan de behoeften van de beginnende en gevorderde student in vreemde talen
- Geschikt voor dagelijks gebruik, bestudering en zelftestactiviteiten
- Maakt het mogelijk om uw woordenschat te evalueren

Bijzondere kenmerken van de woordenschat

- De woorden zijn gerangschikt naar hun betekenis, niet volgens alfabet
- De woorden worden weergegeven in drie kolommen om bestudering en zelftesten te vergemakkelijken
- Woorden in groepen worden verdeeld in kleine blokken om het leerproces te vergemakkelijken
- De woordenschat biedt een handige en eenvoudige beschrijving van elk buitenlands woord

De woordenschat bevat 155 onderwerpen zoals:

Basisconcepten, getallen, kleuren, maanden, seizoenen, meeteenheden, kleding en accessoires, eten & voeding, restaurant, familieleden, verwanten, karakter, gevoelens, emoties, ziekten, stad, dorp, bezienswaardigheden, winkelen, geld, huis, thuis, kantoor, werken op kantoor, import & export, marketing, werk zoeken, sport, onderwijs, computer, internet, gereedschap, natuur, landen, nationaliteiten en meer ...

INHOUDSOPGAVE

4

UITSPRAAKGIDS

T&P fonetisch alfabet	Kirgizisch voorbeeld	Nederlands voorbeeld
[a]	манжа [mandʒa]	acht
[e]	келечек [keletʃek]	delen, spreken
[i]	жигит [dʒigit]	bidden, tint
[ı]	кубаныч [kubanıtʃ]	iemand, die
[o]	мактоо [maktoo]	overeenkomst
[u]	узундук [uzunduk]	hoed, doe
[ʉ]	алюминий [alʉminij]	jullie, aquarium
[y]	түнкү [tynky]	fuut, uur
[b]	ашкабак [aʃkabak]	hebben
[d]	адам [adam]	Dank u, honderd
[dʒ]	жыгач [dʒıgatʃ]	jeans, jungle
[f]	флейта [flejta]	feestdag, informeren
[g]	тегерек [tegerek]	goal, tango
[j]	бөйрөк [bøjrøk]	New York, januari
[k]	карапа [karapa]	kennen, kleur
[l]	алтын [altın]	delen, luchter
[m]	бешмант [beʃmant]	morgen, etmaal
[n]	найза [najza]	nemen, zonder
[ŋ]	булуң [buluŋ]	optelling
[p]	пайдубал [pajdubal]	parallel, koper
[r]	рахмат [raχmat]	roepen, breken
[s]	сагызган [sagızgan]	spreken, kosten
[ʃ]	бурулуш [buruluʃ]	shampoo, machine
[t]	түтүн [tytyn]	tomaat, taart
[χ]	пахтадан [paχtadan]	bocht
[ts]	шприц [ʃprits]	niets, plaats
[tʃ]	биринчи [birintʃi]	Tsjechië, cello
[v]	квартал [kvartal]	beloven, schrijven
[z]	казуу [kazuu]	zeven, zesde
[ʲ]	руль, актёр [rulʲ, aktʲor]	palatalisatie teken
[ʰ]	объектив [obʰjektiv]	harde teken

AFKORTINGEN
gebruikt in de woordenschat

Nederlandse afkortingen

abn	-	als bijvoeglijk naamwoord
bijv.	-	bijvoorbeeld
bn	-	bijvoeglijk naamwoord
bw	-	bijwoord
enk.	-	enkelvoud
enz.	-	enzovoort
form.	-	formele taal
inform.	-	informele taal
mann.	-	mannelijk
mil.	-	militair
mv.	-	meervoud
on.ww.	-	onovergankelijk werkwoord
ontelb.	-	ontelbaar
ov.	-	over
ov.ww.	-	overgankelijk werkwoord
telb.	-	telbaar
vn	-	voornaamwoord
vrouw.	-	vrouwelijk
vw	-	voegwoord
vz	-	voorzetsel
wisk.	-	wiskunde
ww	-	werkwoord

Nederlandse artikelen

de	-	gemeenschappelijk geslacht
de/het	-	gemeenschappelijk geslacht, onzijdig
het	-	onzijdig

BASISBEGRIPPEN

Basisbegrippen Deel 1

1. Voornaamwoorden

ik	мен, мага	men, maga
jij, je	сен	sen
hij, zij, het	ал	al
zij, ze	алар	alar

2. Begroetingen. Begroetingen. Afscheid

Hallo! Dag!	Салам!	salam!
Hallo!	Саламатсызбы!	salamatsızbı!
Goedemorgen!	Кутман таңыңыз менен!	kutman taŋıŋız menen!
Goedemiddag!	Кутман күнүңүз менен!	kutman kynyŋyz menen!
Goedenavond!	Кутман кечиңиз менен!	kutman ketʃiŋiz menen!
gedag zeggen (groeten)	учурашуу	utʃuraʃuu
Hoi!	Кандай!	kandaj!
groeten (het)	салам	salam
verwelkomen (ww)	саламдашуу	salamdaʃuu
Hoe gaat het?	Иштериң кандай?	iʃteriŋ kandaj?
Hoe gaat het met u?	Иштериңиз кандай?	iʃteriŋiz kandaj?
Hoe is het?	Иштер кандай?	iʃter kandaj?
Is er nog nieuws?	Эмне жаңылык?	emne dʒaŋılık?
Dag! Tot ziens!	Көрүшкөнчө!	køryʃkøntʃø!
Tot snel! Tot ziens!	Эмки жолукканга чейин!	emki dʒolukkanga tʃejin!
Vaarwel! (inform.)	Кош бол!	koʃ bol!
Vaarwel! (form.)	Кош болуңуз!	koʃ boluŋuz!
afscheid nemen (ww)	коштошуу	koʃtoʃuu
Tot kijk!	Жакшы кал!	dʒakʃı kal!
Dank u!	Рахмат!	raχmat!
Dank u wel!	Чоң рахмат!	tʃoŋ raχmat!
Graag gedaan	Эч нерсе эмес	etʃ nerse emes
Geen dank!	Алкышка арзыбайт	alkıʃka arzıbajt
Geen moeite.	Эчтеке эмес.	etʃteke emes
Excuseer me, ... (inform.)	Кечир!	ketʃir!
Excuseer me, ... (form.)	Кечирип коюңузчу!	ketʃirip kojuŋuztʃu!
excuseren (verontschuldigen)	кечирүү	ketʃiryy
zich verontschuldigen	кечирим суроо	ketʃirim suroo
Mijn excuses.	Кечирим сурайм.	ketʃirim surajm

Het spijt me!	Кечиресиз!	ketʃiresiz!
vergeven (ww)	кечирүү	ketʃiryy
Maakt niet uit!	Эч капачылык жок.	etʃ kapatʃılık dʒok
alsjeblieft	суранам	suranam

Vergeet het niet!	Унутуп калбаңыз!	unutup kalbaŋız!
Natuurlijk!	Албетте!	albette!
Natuurlijk niet!	Албетте жок!	albette dʒok!
Akkoord!	Макул!	makul!
Zo is het genoeg!	Жетишет!	dʒetiʃet!

3. Hoe aan te spreken

Excuseer me, ...	Кечиресиз!	ketʃiresiz!
meneer	мырза	mırza
mevrouw	айым	ajım
juffrouw	чоң кыз	tʃoŋ kız
jongeman	чоң жигит	tʃoŋ dʒigit
jongen	жаш бала	dʒaʃ bala
meisje	кызым	kızım

4. Kardinale getallen. Deel 1

nul	нөл	nøl
een	бир	bir
twee	эки	eki
drie	үч	ytʃ
vier	төрт	tørt

vijf	беш	beʃ
zes	алты	altı
zeven	жети	dʒeti
acht	сегиз	segiz
negen	тогуз	toguz

tien	он	on
elf	он бир	on bir
twaalf	он эки	on eki
dertien	он үч	on ytʃ
veertien	он төрт	on tørt

vijftien	он беш	on beʃ
zestien	он алты	on altı
zeventien	он жети	on dʒeti
achttien	он сегиз	on segiz
negentien	он тогуз	on toguz

twintig	жыйырма	dʒıjırma
eenentwintig	жыйырма бир	dʒıjırma bir
tweeëntwintig	жыйырма эки	dʒıjırma eki
drieëntwintig	жыйырма үч	dʒıjırma ytʃ
dertig	отуз	otuz

eenendertig	отуз бир	otuz bir
tweeëndertig	отуз эки	otuz eki
drieëndertig	отуз үч	otuz ytʃ

veertig	кырк	kırk
tweeënveertig	кырк эки	kırk eki
drieënveertig	кырк үч	kırk ytʃ

vijftig	элүү	elyy
eenenvijftig	элүү бир	elyy bir
tweeënvijftig	элүү эки	elyy eki
drieënvijftig	элүү үч	elyy ytʃ

zestig	алтымыш	altımıʃ
eenenzestig	алтымыш бир	altımıʃ bir
tweeënzestig	алтымыш эки	altımıʃ eki
drieënzestig	алтымыш үч	altımıʃ ytʃ

zeventig	жетимиш	dʒetimiʃ
eenenzeventig	жетимиш бир	dʒetimiʃ bir
tweeënzeventig	жетимиш эки	dʒetimiʃ eki
drieënzeventig	жетимиш үч	dʒetimiʃ ytʃ

tachtig	сексен	seksen
eenentachtig	сексен бир	seksen bir
tweeëntachtig	сексен эки	seksen eki
drieëntachtig	сексен үч	seksen ytʃ

negentig	токсон	tokson
eenennegentig	токсон бир	tokson bir
tweeënnegentig	токсон эки	tokson eki
drieënnegentig	токсон үч	tokson ytʃ

5. Kardinale getallen. Deel 2

honderd	бир жүз	bir dʒyz
tweehonderd	эки жүз	eki dʒyz
driehonderd	үч жүз	ytʃ dʒyz
vierhonderd	төрт жүз	tørt dʒyz
vijfhonderd	беш жүз	beʃ dʒyz

zeshonderd	алты жүз	altı dʒyz
zevenhonderd	жети жүз	dʒeti dʒyz
achthonderd	сегиз жүз	segiz dʒyz
negenhonderd	тогуз жүз	toguz dʒyz

duizend	бир миң	bir miŋ
tweeduizend	эки миң	eki miŋ
drieduizend	үч миң	ytʃ miŋ
tienduizend	он миң	on miŋ
honderdduizend	жүз миң	dʒyz miŋ

| miljoen (het) | миллион | million |
| miljard (het) | миллиард | milliard |

13

6. Ordinale getallen

eerste (bn)	биринчи	birinʧi
tweede (bn)	экинчи	ekinʧi
derde (bn)	үчүнчү	yʧynʧy
vierde (bn)	төртүнчү	tørtynʧy
vijfde (bn)	бешинчи	beʃinʧi

zesde (bn)	алтынчы	altınʧı
zevende (bn)	жетинчи	dʒetinʧi
achtste (bn)	сегизинчи	segizinʧi
negende (bn)	тогузунчу	toguzunʧu
tiende (bn)	онунчу	onunʧu

7. Getallen. Breuken

breukgetal (het)	бөлчөк	bølʧøk
half	экиден бир	ekiden bir
een derde	үчтөн бир	yʧtøn bir
kwart	төрттөн бир	tørttøn bir

een achtste	сегизден бир	segizden bir
een tiende	тогуздан бир	toguzdan bir
twee derde	үчтөн эки	yʧtøn eki
driekwart	төрттөн үч	tørttøn yʧ

8. Getallen. Eenvoudige berekeningen

aftrekking (de)	кемитүү	kemityy
aftrekken (ww)	кемитүү	kemityy
deling (de)	бөлүү	bølyy
delen (ww)	бөлүү	bølyy

optelling (de)	кошуу	koʃuu
erbij optellen (bij elkaar voegen)	кошуу	koʃuu
optellen (ww)	кошуу	koʃuu
vermenigvuldiging (de)	көбөйтүү	købøjtyy
vermenigvuldigen (ww)	көбөйтүү	købøjtyy

9. Getallen. Diversen

cijfer (het)	санарип	sanarip
nummer (het)	сан	san
telwoord (het)	сан атооч	san atooʧ
minteken (het)	кемитүү	kemityy
plusteken (het)	плюс	plʉs
formule (de)	формула	formula
berekening (de)	эсептөө	eseptøø

tellen (ww)	саноо	sanoo
bijrekenen (ww)	эсептее	eseptøø
vergelijken (ww)	салыштыруу	salıʃtıruu

Hoeveel?	Канча?	kantʃa?
som (de), totaal (het)	жыйынтык	dʒıjıntık
uitkomst (de)	натыйжа	natıjdʒa
rest (de)	калдык	kaldık

enkele (bijv. ~ minuten)	бир нече	bir netʃe
weinig (bw)	биртике	bir az
weinig (telb.)	бир аз	bir az
een beetje (ontelb.)	кичине	kitʃine
restant (het)	калганы	kalganı
anderhalf	бир жарым	bir dʒarım
dozijn (het)	он эки даана	on eki daana

middendoor (bw)	тең экиге	teŋ ekige
even (bw)	тең	teŋ
helft (de)	жарым	dʒarım
keer (de)	бир жолу	bir dʒolu

10. De belangrijkste werkwoorden. Deel 1

aanbevelen (ww)	сунуштоо	sunuʃtoo
aandringen (ww)	көшөрүү	køʃøryy
aankomen (per auto, enz.)	келүү	kelyy
aanraken (ww)	тийүү	tijyy
adviseren (ww)	кеңеш берүү	keŋeʃ beryy

afdalen (on.ww.)	ылдый түшүү	ıldıj tyʃyy
afslaan (naar rechts ~)	бурулуу	buruluu
antwoorden (ww)	жооп берүү	dʒoop beryy
bang zijn (ww)	жазкануу	dʒazkanuu
bedreigen (bijv. met een pistool)	коркутуу	korkutuu

bedriegen (ww)	алдоо	aldoo
beëindigen (ww)	бүтүрүү	bytyryy
beginnen (ww)	баштоо	baʃtoo
begrijpen (ww)	түшүнүү	tyʃynyy
beheren (managen)	башкаруу	baʃkaruu

beledigen (met scheldwoorden)	кемсинтүү	kemsintyy
beloven (ww)	убада берүү	ubada beryy
bereiden (koken)	тамак бышыруу	tamak bıʃıruu
bespreken (spreken over)	талкуулоо	talkuuloo

bestellen (eten ~)	буйрутма кылуу	bujrutma kıluu
bestraffen (een stout kind ~)	жазалоо	dʒazaloo
betalen (ww)	төлөө	tøløø
betekenen (beduiden)	билдирүү	bildiryy
betreuren (ww)	өкүнүү	økynyy

bevallen (prettig vinden)	жактыруу	dʒaktıruu
bevelen (mil.)	буйрук кылуу	bujruk kıluu
bevrijden (stad, enz.)	бошотуу	boʃotuu
bewaren (ww)	сактоо	saktoo
bezitten (ww)	ээ болуу	ee boluu
bidden (praten met God)	дуба кылуу	duba kıluu
binnengaan (een kamer ~)	кирүү	kiryy
breken (ww)	сындыруу	sındıruu
controleren (ww)	башкаруу	baʃkaruu
creëren (ww)	жаратуу	dʒaratuu
deelnemen (ww)	катышуу	katıʃuu
denken (ww)	ойлоо	ojloo
doden (ww)	өлтүрүү	øltyryy
doen (ww)	кылуу	kıluu
dorst hebben (ww)	суусап калуу	suusap kaluu

11. De belangrijkste werkwoorden. Deel 2

een hint geven	четин чыгаруу	tʃetin tʃıgaruu
eisen (met klem vragen)	талап кылуу	talap kıluu
excuseren (vergeven)	кечирүү	ketʃiryy
existeren (bestaan)	чыгуу	tʃıguu
gaan (te voet)	жөө басуу	dʒøø basuu
gaan zitten (ww)	отуруу	oturuu
gaan zwemmen	сууга түшүү	suuga tyʃyy
geven (ww)	берүү	beryy
glimlachen (ww)	жылмаюу	dʒılmadʒuu
goed raden (ww)	жандырмагын табуу	dʒandırmagın tabuu
grappen maken (ww)	тамашалоо	tamaʃaloo
graven (ww)	казуу	kazuu
hebben (ww)	бар болуу	bar boluu
helpen (ww)	жардам берүү	dʒardam beryy
herhalen (opnieuw zeggen)	кайталоо	kajtaloo
honger hebben (ww)	ачка болуу	atʃka boluu
hopen (ww)	үмүттөнүү	ymyttønyy
horen	угуу	uguu
(waarnemen met het oor)		
huilen (wenen)	ыйлоо	ıjloo
huren (huis, kamer)	батирге алуу	batirge aluu
informeren (informatie geven)	маалымат берүү	maalımat beryy
instemmen (akkoord gaan)	макул болуу	makul boluu
jagen (ww)	аңчылык кылуу	aŋtʃılık kıluu
kennen (kennis hebben van iemand)	таануу	taanuu
kiezen (ww)	тандоо	tandoo
klagen (ww)	арыздануу	arızdanuu
kosten (ww)	туруу	turuu

kunnen (ww)	жасай алуу	dʒasaj aluu
lachen (ww)	күлүү	kylyy
laten vallen (ww)	түшүрүп алуу	tyʃyryp aluu
lezen (ww)	окуу	okuu

liefhebben (ww)	сүйүү	syjyy
lunchen (ww)	түштөнүү	tyʃtønyy
nemen (ww)	алуу	aluu
nodig zijn (ww)	керек болуу	kerek boluu

12. De belangrijkste werkwoorden. Deel 3

onderschatten (ww)	баалабоо	baalaboo
ondertekenen (ww)	кол коюу	kol kojuu
ontbijten (ww)	эртең менен тамактануу	erteŋ menen tamaktanuu
openen (ww)	ачуу	atʃuu
ophouden (ww)	токтотуу	toktotuu
opmerken (zien)	байкоо	bajkoo

opscheppen (ww)	мактануу	maktanuu
opschrijven (ww)	кагазга түшүрүү	kagazga tyʃyryy
plannen (ww)	пландаштыруу	plandaʃtıruu
prefereren (verkiezen)	артык көрүү	artık køryy
proberen (trachten)	аракет кылуу	araket kıluu
redden (ww)	куткаруу	kutkaruu

rekenen op ...	... ишенүү	... iʃenyy
rennen (ww)	чуркоо	tʃurkoo
reserveren (een hotelkamer ~)	камдык буйрутмалоо	kamdık bujrutmaloo
roepen (om hulp)	чакыруу	tʃakıruu
schieten (ww)	атуу	atuu
schreeuwen (ww)	кыйкыруу	kıjkıruu

schrijven (ww)	жазуу	dʒazuu
souperen (ww)	кечки тамакты ичүү	ketʃki tamaktı itʃyy
spelen (kinderen)	ойноо	ojnoo
spreken (ww)	сүйлөө	syjløø
stelen (ww)	уурдоо	uurdoo
stoppen (pauzeren)	токтоо	toktoo

studeren (Nederlands ~)	окуу	okuu
sturen (zenden)	жөнөтүү	dʒønøtyy
tellen (optellen)	саноо	sanoo
toebehoren aan ...	таандык болуу	taandık boluu

| toestaan (ww) | уруксат берүү | uruksat beryy |
| tonen (ww) | көрсөтүү | kørsøtyy |

twijfelen (onzeker zijn)	күмөн саноо	kymøn sanoo
uitgaan (ww)	чыгуу	tʃıguu
uitnodigen (ww)	чакыруу	tʃakıruu
uitspreken (ww)	айтуу	ajtuu
uitvaren tegen (ww)	урушуу	uruʃuu

13. De belangrijkste werkwoorden. Deel 4

vallen (ww)	жыгылуу	dʒɪgɪluu
vangen (ww)	кармоо	karmoo
veranderen (anders maken)	өзгөртүү	øzgørtyy
verbaasd zijn (ww)	таң калуу	taŋ kaluu
verbergen (ww)	жашыруу	dʒaʃɪruu

verdedigen (je land ~)	коргоо	korgoo
verenigen (ww)	бириктирүү	biriktiryy
vergelijken (ww)	салыштыруу	salɪʃtɪruu
vergeten (ww)	унутуу	unutuu
vergeven (ww)	кечирүү	ketʃiryy

verklaren (uitleggen)	түшүндүрүү	tyʃyndyryy
verkopen (per stuk ~)	сатуу	satuu
vermelden (praten over)	айтып өтүү	ajtɪp øtyy
versieren (decoreren)	кооздоо	koozdoo
vertalen (ww)	которуу	kotoruu

vertrouwen (ww)	ишенүү	iʃenyy
vervolgen (ww)	улантуу	ulantuu
verwarren (met elkaar ~)	адаштыруу	adaʃtɪruu
verzoeken (ww)	суроо	suroo
verzuimen (school, enz.)	калтыруу	kaltɪruu

vinden (ww)	таап алуу	taap aluu
vliegen (ww)	учуу	utʃuu
volgen (ww)	… ээрчүү	… eertʃyy
voorstellen (ww)	сунуштоо	sunuʃtoo
voorzien (verwachten)	күтүү	kytyy
vragen (ww)	суроо	suroo

waarnemen (ww)	байкоо салуу	bajkoo
waarschuwen (ww)	эскертүү	eskertyy
wachten (ww)	күтүү	kytyy
weerspreken (ww)	каршы болуу	karʃɪ boluu
weigeren (ww)	баш тартуу	baʃ tartuu

werken (ww)	иштөө	iʃtøø
weten (ww)	билүү	bilyy
willen (verlangen)	каалоо	kaaloo
zeggen (ww)	айтуу	ajtuu
zich haasten (ww)	шашуу	ʃaʃuu

zich interesseren voor …	… кызыгуу	… kɪzɪguu
zich vergissen (ww)	ката кетирүү	kata ketiryy

zich verontschuldigen	кечирим суроо	ketʃirim suroo
zien (ww)	көрүү	køryy

zijn (ww)	болуу	boluu
zoeken (ww)	… издөө	… izdøø
zwemmen (ww)	сүзүү	syzyy
zwijgen (ww)	унчукпоо	untʃukpoo

14. Kleuren

kleur (de)	түс	tys
tint (de)	кошумча түс	koʃumʧa tys
kleurnuance (de)	кубулуу	kubuluu
regenboog (de)	күндүн кулагы	kyndyn kulagı
wit (bn)	ак	ak
zwart (bn)	кара	kara
grijs (bn)	боз	boz
groen (bn)	жашыл	ʤaʃıl
geel (bn)	сары	sarı
rood (bn)	кызыл	kızıl
blauw (bn)	көк	køk
lichtblauw (bn)	көгүлтүр	køgyltyr
roze (bn)	мала	mala
oranje (bn)	кызгылт сары	kızgılt sarı
violet (bn)	сыя көк	sıja køk
bruin (bn)	күрөң	kyrøŋ
goud (bn)	алтын түстүү	altın tystyy
zilverkleurig (bn)	күмүш өңдүү	kymyʃ øŋdyy
beige (bn)	сары боз	sarı boz
roomkleurig (bn)	саргылт	sargılt
turkoois (bn)	бирюза	biruza
kersrood (bn)	кочкул кызыл	kotʃkul kızıl
lila (bn)	кызгылт көгүш	kızgılt køgyʃ
karmijnrood (bn)	ачык кызыл	atʃık kızıl
licht (bn)	ачык	atʃık
donker (bn)	күңүрт	kyŋyrt
fel (bn)	ачык	atʃık
kleur-, kleurig (bn)	түстүү	tystyy
kleuren- (abn)	түстүү	tystyy
zwart-wit (bn)	ак-кара	ak-kara
eenkleurig (bn)	бир өңчөй түстө	bir øŋʧøj tystø
veelkleurig (bn)	ар түрдүү түстө	ar tyrdyy tystø

15. Vragen

Wie?	Ким?	kim?
Wat?	Эмне?	emne?
Waar?	Каерде?	kaerde?
Waarheen?	Каяка?	kajaka?
Waarvandaan?	Каяктан?	kajaktan?
Wanneer?	Качан?	katʃan?
Waarom?	Эмне үчүн?	emne ytʃyn?
Waarom?	Эмнеге?	emnege?
Waarvoor dan ook?	Кайсы керекке?	kajsı kerekke?

Hoe?	Кандай?	kandaj?
Wat voor ...?	Кайсы?	kajsı?
Welk?	Кайсынысы?	kajsınısı?

Aan wie?	Кимге?	kimge?
Over wie?	Ким жөнүндө?	kim dʒønyndø?
Waarover?	Эмне жөнүндө?	emne dʒønyndø?
Met wie?	Ким менен?	kim menen?

Hoeveel?	Канча?	kantʃa?
Van wie? (mann.)	Кимдики?	kimdiki?
Van wie? (vrouw.)	Кимдики?	kimdiki?
Van wie? (mv.)	Кимдердики?	kimderdiki?

16. Voorzetsels

met (bijv. ~ beleg)	менен	menen
zonder (~ accent)	-сыз, -сиз	-sız, -siz
naar (in de richting van)	... көздөй	... køzdøj
over (praten ~)	... жөнүндө	... dʒønyndø
voor (in tijd)	... астында	... astında
voor (aan de voorkant)	... алдында	... aldında

onder (lager dan)	... астында	... astında
boven (hoger dan)	... өйдө	... øjdø
op (bovenop)	... үстүндө	... ystyndø
van (uit, afkomstig van)	-дан	-dan
van (gemaakt van)	-дан	-dan

over (bijv. ~ een uur)	... ичинде	... itʃinde
over (over de bovenkant)	... үстүнөн	... ystynøn

17. Functiewoorden. Bijwoorden. Deel 1

Waar?	Каерде?	kaerde?
hier (bw)	бул жерде	bul dʒerde
daar (bw)	тээтигил жакта	teetigil dʒakta

ergens (bw)	бир жерде	bir dʒerde
nergens (bw)	эч жакта	etʃ dʒakta

bij ... (in de buurt)	... жанында	... dʒanında
bij het raam	терезенин жанында	terezenin dʒanında

Waarheen?	Каяка?	kajaka?
hierheen (bw)	бери	beri
daarheen (bw)	нары	narı
hiervandaan (bw)	бул жерден	bul dʒerden
daarvandaan (bw)	тигил жерден	tigil dʒerden

dichtbij (bw)	жакын	dʒakın
ver (bw)	алыс	alıs

in de buurt (van ...)	... тегерегинде	... tegereginde
dichtbij (bw)	жакын арада	dʒakın arada
niet ver (bw)	алыс эмес	alıs emes
linker (bn)	сол	sol
links (bw)	сол жакта	sol dʒakta
linksaf, naar links (bw)	солго	solgo
rechter (bn)	оң	oŋ
rechts (bw)	оң жакта	oŋ dʒakta
rechtsaf, naar rechts (bw)	оңго	oŋgo
vooraan (bw)	астыда	astıda
voorste (bn)	алдыңкы	aldıŋkı
vooruit (bw)	алдыга	aldıga
achter (bw)	артында	artında
van achteren (bw)	артынан	artınan
achteruit (naar achteren)	артка	artka
midden (het)	ортосу	ortosu
in het midden (bw)	ортосунда	ortosunda
opzij (bw)	капталында	kaptalında
overal (bw)	бүт жерде	byt dʒerde
omheen (bw)	айланасында	ajlanasında
binnenuit (bw)	ичинде	itʃinde
naar ergens (bw)	бир жерде	bir dʒerde
rechtdoor (bw)	түз	tyz
terug (bijv. ~ komen)	кайра	kajra
ergens vandaan (bw)	бир жерден	bir dʒerden
ergens vandaan (en dit geld moet ~ komen)	бир жактан	bir dʒaktan
ten eerste (bw)	биринчиден	birintʃiden
ten tweede (bw)	экинчиден	ekintʃiden
ten derde (bw)	үчүнчүдөн	ytʃyntʃydøn
plotseling (bw)	күтпөгөн жерден	kytpøgøn dʒerden
in het begin (bw)	башында	baʃında
voor de eerste keer (bw)	биринчи жолу	birintʃi dʒolu
lang voor ... (bw)	... алдында	... aldında
opnieuw (bw)	башынан	baʃınan
voor eeuwig (bw)	түбөлүкке	tybølykkø
nooit (bw)	эч качан	etʃ katʃan
weer (bw)	кайра	kajra
nu (bw)	эми	emi
vaak (bw)	көпчүлүк учурда	køptʃylyk utʃurda
toen (bw)	анда	anda
urgent (bw)	тезинен	tezinen
meestal (bw)	көбүнчө	købyntʃø
trouwens, ... (tussen haakjes)	баса, ...	basa, ...

mogelijk (bw)	мүмкүн	mymkyn
waarschijnlijk (bw)	балким	balkim
misschien (bw)	ыктымал	ıktımal
trouwens (bw)	андан тышкары, ...	andan tıʃkarı, ...
daarom ...	ошондуктан ...	oʃonduktan ...
in weerwil van ...	... карабастан	... karabastan
dankzij ...	... күчү менен	... kytʃy menen
wat (vn)	эмне	emne
dat (vw)	эмне	emne
iets (vn)	бир нерсе	bir nerse
iets	бир нерсе	bir nerse
niets (vn)	эч нерсе	etʃ nerse
wie (~ is daar?)	ким	kim
iemand (een onbekende)	кимдир бирөө	kimdir birøø
iemand (een bepaald persoon)	бирөө жарым	birøø dʒarım
niemand (vn)	эч ким	etʃ kim
nergens (bw)	эч жака	etʃ dʒaka
niemands (bn)	эч кимдики	etʃ kimdiki
iemands (bn)	бирөөнүкү	birøønyky
zo (Ik ben ~ blij)	эми	emi
ook (evenals)	ошондой эле	oʃondoj ele
alsook (eveneens)	дагы	dagı

18. Functiewoorden. Bijwoorden. Deel 2

Waarom?	Эмнеге?	emnege?
om een bepaalde reden	эмнегедир	emnegedir
omdat ...	... себептен	... sebepten
voor een bepaald doel	эмне үчүндүр	emne ytʃyndyr
en (vw)	жана	dʒana
of (vw)	же	dʒe
maar (vw)	бирок	birok
voor (vz)	үчүн	ytʃyn
te (~ veel mensen)	өтө эле	øtø ele
alleen (bw)	азыр эле	azır ele
precies (bw)	так	tak
ongeveer (~ 10 kg)	болжол менен	boldʒol menen
omstreeks (bw)	болжол менен	boldʒol menen
bij benadering (bn)	болжолдуу	boldʒolduu
bijna (bw)	дээрлик	deerlik
rest (de)	калганы	kalganı
de andere (tweede)	башка	baʃka
ander (bn)	башка бөлөк	baʃka bøløk
elk (bn)	ар бири	ar biri
om het even welk	баардык	baardık

veel (grote hoeveelheid)	көп	køp
veel mensen	көбү	køby
iedereen (alle personen)	баары	baarı

in ruil voor ...	... алмашуу	... almaʃuu
in ruil (bw)	ордуна	orduna
met de hand (bw)	колго	kolgo
onwaarschijnlijk (bw)	ишенүүгө болбойт	iʃenyygø bolbojt

waarschijnlijk (bw)	балким	balkim
met opzet (bw)	атайын	atajın
toevallig (bw)	кокустан	kokustan

zeer (bw)	аябай	ajabaj
bijvoorbeeld (bw)	мисалы	misalı
tussen (~ twee steden)	ортосунда	ortosunda
tussen (te midden van)	арасында	arasında
zoveel (bw)	ошончо	oʃontʃo
vooral (bw)	өзгөчө	øzgøtʃø

Basisbegrippen Deel 2

19. Dagen van de week

maandag (de)	дүйшөмбү	dyjʃømby
dinsdag (de)	шейшемби	ʃejʃembi
woensdag (de)	шаршемби	ʃarʃembi
donderdag (de)	бейшемби	bejʃembi
vrijdag (de)	жума	dʒuma
zaterdag (de)	ишенби	iʃenbi
zondag (de)	жекшемби	dʒekʃembi
vandaag (bw)	бүгүн	bygyn
morgen (bw)	эртең	erteŋ
overmorgen (bw)	бирсүгүнү	birsygyny
gisteren (bw)	кечээ	ketʃee
eergisteren (bw)	мурда күнү	murda kyny
dag (de)	күн	kyn
werkdag (de)	иш күнү	iʃ kyny
feestdag (de)	майрам күнү	majram kyny
verlofdag (de)	дем алыш күн	dem alıʃ kyn
weekend (het)	дем алыш күндөр	dem alıʃ kyndør
de hele dag (bw)	күнү бою	kyny bojʉ
de volgende dag (bw)	кийинки күнү	kijinki kyny
twee dagen geleden	эки күн мурун	eki kyn murun
aan de vooravond (bw)	жакында	dʒakında
dag-, dagelijks (bn)	күндө	kyndø
elke dag (bw)	күн сайын	kyn sajın
week (de)	жума	dʒuma
vorige week (bw)	өткөн жумада	øtkøn dʒumada
volgende week (bw)	келаткан жумада	kelatkan dʒumada
wekelijks (bn)	жума сайын	dʒuma sajın
elke week (bw)	жума сайын	dʒuma sajın
twee keer per week	жумасына эки жолу	dʒumasına eki dʒolu
elke dinsdag	ар шейшемби	ar ʃejʃembi

20. Uren. Dag en nacht

morgen (de)	таң	taŋ
's morgens (bw)	эртең менен	erteŋ menen
middag (de)	жарым күн	dʒarım kyn
's middags (bw)	түштөн кийин	tyʃtøn kijin
avond (de)	кеч	ketʃ
's avonds (bw)	кечинде	ketʃinde

nacht (de)	түн	tyn
's nachts (bw)	түндө	tyndø
middernacht (de)	жарым түн	dʒarım tyn
seconde (de)	секунда	sekunda
minuut (de)	мүнөт	mynøt
uur (het)	саат	saat
halfuur (het)	жарым саат	dʒarım saat
kwartier (het)	чейрек саат	tʃejrek saat
vijftien minuten	он беш мүнөт	on beʃ mynøt
etmaal (het)	сутка	sutka
zonsopgang (de)	күндүн чыгышы	kyndyn tʃıgıʃı
dageraad (de)	таң агаруу	taŋ agaruu
vroege morgen (de)	таң эрте	taŋ erte
zonsondergang (de)	күн батуу	kyn batuu
's morgens vroeg (bw)	таң эрте	taŋ erte
vanmorgen (bw)	бүгүн эртең менен	bygyn erteŋ menen
morgenochtend (bw)	эртең эртең менен	erteŋ erteŋ menen
vanmiddag (bw)	күндүзү	kyndyzy
's middags (bw)	түштөн кийин	tyʃtøn kijin
morgenmiddag (bw)	эртең түштөн кийин	erteŋ tyʃtøn kijin
vanavond (bw)	бүгүн кечинде	bygyn ketʃinde
morgenavond (bw)	эртең кечинде	erteŋ ketʃinde
klokslag drie uur	туура саат үчтө	tuura saat ytʃtø
ongeveer vier uur	болжол менен төрт саат	boldʒol menen tørt saat
tegen twaalf uur	саат он экиде	saat on ekide
over twintig minuten	жыйырма мүнөттөн кийин	dʒıjırma mynøttøn kijin
over een uur	бир сааттан кийин	bir saattan kijin
op tijd (bw)	өз убагында	øz ubagında
kwart voor ...	... он беш мүнөт калды	... on beʃ mynøt kaldı
binnen een uur	бир сааттын ичинде	bir saattın itʃinde
elk kwartier	он беш мүнөт сайын	on beʃ mynøt sajın
de klok rond	бир сутка бою	bir sutka boju

21. Maanden. Seizoenen

januari (de)	январь	janvarʲ
februari (de)	февраль	fevralʲ
maart (de)	март	mart
april (de)	апрель	aprelʲ
mei (de)	май	maj
juni (de)	июнь	ijʉnʲ
juli (de)	июль	ijʉlʲ
augustus (de)	август	avgust
september (de)	сентябрь	sentʲabrʲ
oktober (de)	октябрь	oktʲabrʲ

| november (de) | ноябрь | nojabrʲ |
| december (de) | декабрь | dekabrʲ |

lente (de)	жаз	dʒaz
in de lente (bw)	жазында	dʒazında
lente- (abn)	жазгы	dʒazgı

zomer (de)	жай	dʒaj
in de zomer (bw)	жайында	dʒajında
zomer-, zomers (bn)	жайкы	dʒajkı

herfst (de)	күз	kyz
in de herfst (bw)	күзүндө	kyzyndø
herfst- (abn)	күздүк	kyzdyk

winter (de)	кыш	kıʃ
in de winter (bw)	кышында	kıʃında
winter- (abn)	кышкы	kıʃkı

maand (de)	ай	aj
deze maand (bw)	ушул айда	uʃul ajda
volgende maand (bw)	кийинки айда	kijinki ajda
vorige maand (bw)	өткөн айда	øtkøn ajda

een maand geleden (bw)	бир ай мурун	bir aj murun
over een maand (bw)	бир айдан кийин	bir ajdan kijin
over twee maanden (bw)	эки айдан кийин	eki ajdan kijin
de hele maand (bw)	ай бою	aj bojʉ
een volle maand (bw)	толук бир ай	toluk bir aj

maand-, maandelijks (bn)	ай сайын	aj sajın
maandelijks (bw)	ай сайын	aj sajın
elke maand (bw)	ар бир айда	ar bir ajda
twee keer per maand	айына эки жолу	ajına eki dʒolu

jaar (het)	жыл	dʒıl
dit jaar (bw)	бул жылы	bul dʒılı
volgend jaar (bw)	келаткан жылы	kelatkan dʒılı
vorig jaar (bw)	өткөн жылы	øtkøn dʒılı

een jaar geleden (bw)	бир жыл мурун	bir dʒıl murun
over een jaar	бир жылдан кийин	bir dʒıldan kijin
over twee jaar	эки жылдан кийин	eki dʒıldan kijin
het hele jaar	жыл бою	dʒıl bodʒʉ
een vol jaar	толук бир жыл	toluk bir dʒıl

elk jaar	ар жыл сайын	ar dʒıl sajın
jaar-, jaarlijks (bn)	жыл сайын	dʒıl sajın
jaarlijks (bw)	жыл сайын	dʒıl sajın
4 keer per jaar	жылына төрт жолу	dʒılına tørt dʒolu

datum (de)	число	tʃislo
datum (de)	күн	kyn
kalender (de)	календарь	kalendarʲ
een half jaar	жарым жыл	dʒarım dʒıl
zes maanden	жарым чейрек	dʒarım tʃejrek

| seizoen (bijv. lente, zomer) | мезгил | mezgil |
| eeuw (de) | кылым | kılım |

22. Meeteenheden

gewicht (het)	салмак	salmak
lengte (de)	узундук	uzunduk
breedte (de)	жазылык	dӡazılık
hoogte (de)	бийиктик	bijiktik
diepte (de)	терендик	terendik
volume (het)	келем	køløm
oppervlakte (de)	аянт	ajant

gram (het)	грамм	gramm
milligram (het)	миллиграмм	milligramm
kilogram (het)	килограмм	kilogramm
ton (duizend kilo)	тонна	tonna
pond (het)	фунт	funt
ons (het)	унция	untsija

meter (de)	метр	metr
millimeter (de)	миллиметр	millimetr
centimeter (de)	сантиметр	santimetr
kilometer (de)	километр	kilometr
mijl (de)	миля	milʲa

duim (de)	дюйм	dʉjm
voet (de)	фут	fut
yard (de)	ярд	jard

| vierkante meter (de) | квадраттык метр | kvadrattık metr |
| hectare (de) | гектар | gektar |

liter (de)	литр	litr
graad (de)	градус	gradus
volt (de)	вольт	volʲt
ampère (de)	ампер	amper
paardenkracht (de)	ат күчү	at kytʃy

hoeveelheid (de)	саны	sanı
een beetje ...	... бир аз	... bir az
helft (de)	жарым	dӡarım

| dozijn (het) | он эки даана | on eki daana |
| stuk (het) | даана | daana |

| afmeting (de) | чондук | tʃonduk |
| schaal (bijv. ~ van 1 op 50) | елчемчен | øltʃømtʃen |

minimaal (bn)	минималдуу	minimalduu
minste (bn)	эң кичинекей	en kitʃinekej
medium (bn)	орточо	ortotʃo
maximaal (bn)	максималдуу	maksimalduu
grootste (bn)	эң чоң	en tʃoŋ

23. Containers

glazen pot (de)	банка	banka
blik (conserven~)	банка	banka
emmer (de)	чака	tʃaka
ton (bijv. regenton)	бочка	botʃka
ronde waterbak (de)	дагара	dagara
tank (bijv. watertank-70-ltr)	бак	bak
heupfles (de)	фляжка	flʲadʒka
jerrycan (de)	канистра	kanistra
tank (bijv. ketelwagen)	цистерна	tsɪsterna
beker (de)	кружка	krudʒka
kopje (het)	чөйчөк	tʃøjtʃøk
schoteltje (het)	табак	tabak
glas (het)	ыстакан	ɪstakan
wijnglas (het)	бокал	bokal
pan (de)	мискей	miskej
fles (de)	бөтөлкө	bøtølkø
flessenhals (de)	оозу	oozu
karaf (de)	графин	grafin
kruik (de)	кумура	kumura
vat (het)	идиш	idiʃ
pot (de)	карапа	karapa
vaas (de)	ваза	vaza
flacon (de)	флакон	flakon
flesje (het)	кичине бөтөлкө	kitʃine bøtølkø
tube (bijv. ~ tandpasta)	тюбик	tʉbik
zak (bijv. ~ aardappelen)	кап	kap
tasje (het)	пакет	paket
pakje (~ sigaretten, enz.)	пачке	patʃke
doos (de)	куту	kutu
kist (de)	үкөк	ykøk
mand (de)	себет	sebet

MENS

Mens. Het lichaam

24. Hoofd

hoofd (het)	баш	baʃ
gezicht (het)	бет	bet
neus (de)	мурун	murun
mond (de)	ооз	ooz
oog (het)	көз	køz
ogen (mv.)	көздөр	køzdør
pupil (de)	карек	karek
wenkbrauw (de)	каш	kaʃ
wimper (de)	кирпик	kirpik
ooglid (het)	кабак	kabak
tong (de)	тил	til
tand (de)	тиш	tiʃ
lippen (mv.)	эриндер	erinder
jukbeenderen (mv.)	бет сөөгү	bet søøgy
tandvlees (het)	тиш эти	tiʃ eti
gehemelte (het)	таңдай	taŋdaj
neusgaten (mv.)	мурун тешиги	murun teʃigi
kin (de)	ээк	eek
kaak (de)	жаак	dʒaak
wang (de)	бет	bet
voorhoofd (het)	чеке	ʧeke
slaap (de)	чыкый	ʧıkıj
oor (het)	кулак	kulak
achterhoofd (het)	желке	dʒelke
hals (de)	моюн	mojʉn
keel (de)	тамак	tamak
haren (mv.)	чач	ʧaʧ
kapsel (het)	чач жасоо	ʧaʧ dʒasoo
haarsnit (de)	чач кыркуу	ʧaʧ kırkuu
pruik (de)	парик	parik
snor (de)	мурут	murut
baard (de)	сакал	sakal
dragen (een baard, enz.)	мурут коюу	murut kojʉu
vlecht (de)	өрүм чач	ørym ʧaʧ
bakkebaarden (mv.)	бакенбарда	bakenbarda
ros (roodachtig, rossig)	сары	sarı
grijs (~ haar)	ак чачтуу	ak ʧaʧtuu

| kaal (bn) | таз | taz |
| kale plek (de) | кашка | kaʃka |

| paardenstaart (de) | куйрук | kujruk |
| pony (de) | көкүл | køkyl |

25. Menselijk lichaam

| hand (de) | беш манжа | beʃ mandʒa |
| arm (de) | кол | kol |

vinger (de)	манжа	mandʒa
teen (de)	манжа	mandʒa
duim (de)	бармак	barmak
pink (de)	чыпалак	tʃɪpalak
nagel (de)	тырмак	tɪrmak

vuist (de)	муштум	muʃtum
handpalm (de)	алакан	alakan
pols (de)	билек	bilek
voorarm (de)	каруу	karuu
elleboog (de)	чыканак	tʃɪkanak
schouder (de)	ийин	ijin

been (rechter ~)	бут	but
voet (de)	таман	taman
knie (de)	тизе	tize
kuit (de)	балтыр	baltɪr
heup (de)	сан	san
hiel (de)	согончок	sogontʃok

lichaam (het)	дене	dene
buik (de)	курсак	kursak
borst (de)	төш	tøʃ
borst (de)	эмчек	emtʃek
zijde (de)	каптал	kaptal
rug (de)	арка жон	arka dʒon
lage rug (de)	бел	bel
taille (de)	бел	bel

navel (de)	киндик	kindik
billen (mv.)	жамбаш	dʒambaʃ
achterwerk (het)	көчүк	køtʃyk

huidvlek (de)	мең	meŋ
moedervlek (de)	кал	kal
tatoeage (de)	татуировка	tatuirovka
litteken (het)	тырык	tɪrɪk

Kleding en accessoires

26. Bovenkleding. Jassen

kleren (mv.)	кийим	kijim
bovenkleding (de)	үстүнкү кийим	ystyŋky kijim
winterkleding (de)	кышкы кийим	kıʃkı kijim

jas (de)	пальто	palʲto
bontjas (de)	тон	ton
bontjasje (het)	чолок тон	ʧolok ton
donzen jas (de)	мамык олпок	mamık olpok

jasje (bijv. een leren ~)	күрмө	kyrmø
regenjas (de)	плащ	plaʃʧ
waterdicht (bn)	суу өткүс	suu øtkys

27. Heren & dames kleding

overhemd (het)	көйнөк	køjnøk
broek (de)	шым	ʃım
jeans (de)	джинсы	ʤinsı
colbert (de)	бешмант	beʃmant
kostuum (het)	костюм	kostɯm

jurk (de)	көйнөк	køjnøk
rok (de)	юбка	jɯbka
blouse (de)	блузка	bluzka
wollen vest (de)	кофта	kofta
blazer (kort jasje)	кыска бешмант	kıska beʃmant

T-shirt (het)	футболка	futbolka
shorts (mv.)	чолок шым	ʧolok ʃım
trainingspak (het)	спорт кийими	sport kijimi
badjas (de)	халат	χalat
pyjama (de)	пижама	piʤama

sweater (de)	свитер	sviter
pullover (de)	пуловер	pulover

gilet (het)	жилет	ʤilet
rokkostuum (het)	фрак	frak
smoking (de)	смокинг	smoking

uniform (het)	форма	forma
werkkleding (de)	жумуш кийим	ʤumuʃ kijim
overall (de)	комбинезон	kombinezon
doktersjas (de)	халат	χalat

28. Kleding. Ondergoed

ondergoed (het)	ич кийим	itʃ kijim
herenslip (de)	эркектер чолок дамбалы	erkekter tʃolok dambalı
slipjes (mv.)	аялдар трусиги	ajaldar trusigi
onderhemd (het)	майка	majka
sokken (mv.)	байпак	bajpak
nachthemd (het)	жатаарда кийүүчү көйнөк	dʒataarda kijyytʃy køjnøk
beha (de)	бюстгальтер	bʉstgalʲter
kniekousen (mv.)	гольфы	golʲfı
panty (de)	колготки	kolgotki
nylonkousen (mv.)	байпак	bajpak
badpak (het)	купальник	kupalʲnik

29. Hoofddeksels

hoed (de)	топу	topu
deukhoed (de)	шляпа	ʃlʲapa
honkbalpet (de)	бейсболка	bejsbolka
kleppet (de)	кепка	kepka
baret (de)	берет	beret
kap (de)	капюшон	kapʉʃon
panamahoed (de)	панамка	panamka
gebreide muts (de)	токулган шапка	tokulgan ʃapka
hoofddoek (de)	жоолук	dʒooluk
dameshoed (de)	шляпа	ʃlʲapa
veiligheidshelm (de)	каска	kaska
veldmuts (de)	пилотка	pilotka
helm, valhelm (de)	шлем	ʃlem
bolhoed (de)	котелок	kotelok
hoge hoed (de)	цилиндр	tsılindr

30. Schoeisel

schoeisel (het)	бут кийим	but kijim
schoenen (mv.)	ботинка	botinka
vrouwenschoenen (mv.)	туфли	tufli
laarzen (mv.)	өтүк	øtyk
pantoffels (mv.)	тапочка	tapotʃka
sportschoenen (mv.)	кроссовка	krossovka
sneakers (mv.)	кеды	kedı
sandalen (mv.)	сандалии	sandalii
schoenlapper (de)	өтүкчү	øtyktʃy
hiel (de)	така	taka

paar (een ~ schoenen)	түгөй	tygøj
veter (de)	боо	boo
rijgen (schoenen ~)	боолоо	booloo
schoenlepel (de)	кашык	kaʃik
schoensmeer (de/het)	өтүк май	øtyk maj

31. Persoonlijke accessoires

handschoenen (mv.)	колкап	kolkap
wanten (mv.)	мээлей	meelej
sjaal (fleece ~)	моюн орогуч	mojɯn orogutʃ
bril (de)	көз айнек	køz ajnek
brilmontuur (het)	алкак	alkak
paraplu (de)	чатырча	tʃatɯrtʃa
wandelstok (de)	аса таяк	asa tajak
haarborstel (de)	тарак	tarak
waaier (de)	желпингич	dʒelpingitʃ
das (de)	галстук	galstuk
strikje (het)	галстук-бабочка	galstuk-babotʃka
bretels (mv.)	шым тарткыч	ʃɯm tartkɯtʃ
zakdoek (de)	бетаарчы	betaartʃɯ
kam (de)	тарак	tarak
haarspeldje (het)	чачсайгы	tʃatʃsajgɯ
schuifspeldje (het)	шпилька	ʃpilʲka
gesp (de)	таралга	taralga
broekriem (de)	кайыш кур	kajɯʃ kur
draagriem (de)	илгич	ilgitʃ
handtas (de)	колбаштык	kolbaʃtɯk
damestas (de)	кичине колбаштык	kitʃine kolbaʃtɯk
rugzak (de)	жонбаштык	dʒonbaʃtɯk

32. Kleding. Diversen

mode (de)	мода	moda
de mode (bn)	саркеч	sarketʃ
kledingstilist (de)	модельер	modeljer
kraag (de)	жака	dʒaka
zak (de)	чөнтөк	tʃøntøk
zak- (abn)	чөнтөк	tʃøntøk
mouw (de)	жең	dʒeŋ
lusje (het)	илгич	ilgitʃ
gulp (de)	ширинка	ʃirinka
rits (de)	молния	molnija
sluiting (de)	топчулук	toptʃuluk
knoop (de)	топчу	toptʃu

knoopsgat (het)	илмек	ilmek
losraken (bijv. knopen)	үзүлүү	yzylyy

naaien (kleren, enz.)	тигүү	tigyy
borduren (ww)	сайма саюу	sajma sajɯu
borduursel (het)	сайма	sajma
naald (de)	ийне	ijne
draad (de)	жип	dʒip
naad (de)	тигиш	tigiʃ

vies worden (ww)	булгап алуу	bulgap aluu
vlek (de)	так	tak
gekreukt raken (ov. kleren)	бырышып калуу	bɯrɯʃɯp kaluu
scheuren (ov.ww.)	айрылуу	ajrɯluu
mot (de)	күбө	kybø

33. Persoonlijke verzorging. Schoonheidsmiddelen

tandpasta (de)	тиш пастасы	tiʃ pastasɯ
tandenborstel (de)	тиш щёткасы	tiʃ ʃtʃotkasɯ
tanden poetsen (ww)	тиш жуу	tiʃ dʒuu

scheermes (het)	устара	ustara
scheerschuim (het)	кырынуу үчүн көбүк	kɯrɯnuu ytʃyn købyk
zich scheren (ww)	кырынуу	kɯrɯnuu

zeep (de)	самын	samɯn
shampoo (de)	шампунь	ʃampunʲ

schaar (de)	кайчы	kajtʃɯ
nagelvijl (de)	тырмак өгөө	tɯrmak øgøø
nagelknipper (de)	тырмак кычкачы	tɯrmak kɯtʃkatʃɯ
pincet (het)	искек	iskek

cosmetica (mv.)	упа-эндик	upa-endik
masker (het)	маска	maska
manicure (de)	маникюр	manikɯr
manicure doen	маникюр жасоо	manikdʒɯr dʒasoo
pedicure (de)	педикюр	pedikɯr

cosmetica tasje (het)	косметичка	kosmetitʃka
poeder (de/het)	упа	upa
poederdoos (de)	упа кутусу	upa kutusu
rouge (de)	эндик	endik

parfum (de/het)	атыр	atɯr
eau de toilet (de)	туалет атыр суусу	tualet atɯr suusu
lotion (de)	лосьон	losʲon
eau de cologne (de)	одеколон	odekolon

oogschaduw (de)	көз боёгу	køz bojogu
oogpotlood (het)	көз карандашы	køz karandaʃɯ
mascara (de)	кирпик үчүн боек	kirpik ytʃyn boek
lippenstift (de)	эрин помадасы	erin pomadasɯ

nagellak (de)	тырмак үчүн лак	tırmak ytʃyn lak
haarlak (de)	чач үчүн лак	tʃatʃ ytʃyn lak
deodorant (de)	дезодорант	dezodorant

crème (de)	крем	krem
gezichtscrème (de)	бетмай	betmaj
handcrème (de)	кол үчүн май	kol ytʃyn maj
antirimpelcrème (de)	бырыштарга каршы бет май	bırıʃtarga karʃı bet maj
dagcrème (de)	күндүзгү бет май	kyndyzgy bet maj
nachtcrème (de)	түнкү бет май	tynky bet maj
dag- (abn)	күндүзгү	kyndyzgy
nacht- (abn)	түнкү	tynky

tampon (de)	тампон	tampon
toiletpapier (het)	даарат кагазы	daarat kagazı
föhn (de)	фен	fen

34. Horloges. Klokken

polshorloge (het)	кол саат	kol saat
wijzerplaat (de)	циферблат	tsıferblat
wijzer (de)	жебе	dʒebe
metalen horlogeband (de)	браслет	braslet
horlogebandje (het)	кайыш кур	kajıʃ kur

batterij (de)	батарейка	batarejka
leeg zijn (ww)	зарядканын түгөнүүсү	zarʲadkanın tygønyysy
batterij vervangen	батарейка алмаштыруу	batarejka almaʃtıruu
voorlopen (ww)	алдыга кетүү	aldıga ketyy
achterlopen (ww)	калуу	kaluu

wandklok (de)	дубалга тагуучу саат	dubalga taguutʃu saat
zandloper (de)	кум саат	kum saat
zonnewijzer (de)	күн саат	kyn saat
wekker (de)	ойготкуч саат	ojgotkutʃ saat
horlogemaker (de)	саат устасы	saat ustası
repareren (ww)	оңдоо	oŋdoo

Voedsel. Voeding

35. Voedsel

vlees (het)	эт	et
kip (de)	тоок	took
kuiken (het)	балапан	balapan
eend (de)	өрдөк	ørdøk
gans (de)	каз	kaz
wild (het)	илбээсин	ilbeesin
kalkoen (de)	күрп	kyrp
varkensvlees (het)	чочко эти	tʃotʃko eti
kalfsvlees (het)	торпок эти	torpok eti
schapenvlees (het)	кой эти	koj eti
rundvlees (het)	уй эти	uj eti
konijnenvlees (het)	коён	koen
worst (de)	колбаса	kolbasa
saucijs (de)	сосиска	sosiska
spek (het)	бекон	bekon
ham (de)	ветчина	vettʃina
gerookte achterham (de)	сан эт	san et
paté (de)	паштет	paʃtet
lever (de)	боор	boor
gehakt (het)	фарш	farʃ
tong (de)	тил	til
ei (het)	жумуртка	dʒumurtka
eieren (mv.)	жумурткалар	dʒumurtkalar
eiwit (het)	жумуртканын агы	dʒumurtkanın agı
eigeel (het)	жумуртканын сарысы	dʒumurtkanın sarısı
vis (de)	балык	balık
zeevruchten (mv.)	деңиз азыктары	deŋiz azıktarı
schaaldieren (mv.)	рак сыяктуулар	rak sıjaktuular
kaviaar (de)	урук	uruk
krab (de)	краб	krab
garnaal (de)	креветка	krevetka
oester (de)	устрица	ustritsa
langoest (de)	лангуст	langust
octopus (de)	сегиз бут	segiz but
inktvis (de)	кальмар	kalʲmar
steur (de)	осетрина	osetrina
zalm (de)	лосось	lososʲ
heilbot (de)	палтус	paltus
kabeljauw (de)	треска	treska

makreel (de)	скумбрия	skumbrija
tonijn (de)	тунец	tunets
paling (de)	угорь	ugorʲ

forel (de)	форель	forelʲ
sardine (de)	сардина	sardina
snoek (de)	чортон	ʧorton
haring (de)	сельдь	selʲdʲ

brood (het)	нан	nan
kaas (de)	сыр	sır
suiker (de)	кум шекер	kum-ʃeker
zout (het)	туз	tuz

rijst (de)	күрүч	kyryʧ
pasta (de)	макарон	makaron
noedels (mv.)	кесме	kesme

boter (de)	ак май	ak maj
plantaardige olie (de)	өсүмдүк майы	øsymdyk majı
zonnebloemolie (de)	күн карама майы	kyn karama majı
margarine (de)	маргарин	margarin

| olijven (mv.) | зайтун | zajtun |
| olijfolie (de) | зайтун майы | zajtun majı |

melk (de)	сүт	syt
gecondenseerde melk (de)	коютулган сүт	kojʉtulgan syt
yoghurt (de)	йогурт	jogurt
zure room (de)	сметана	smetana
room (de)	каймак	kajmak

| mayonaise (de) | майонез | majonez |
| crème (de) | крем | krem |

graan (het)	акшак	akʃak
meel (het), bloem (de)	ун	un
conserven (mv.)	консерва	konserva

maïsvlokken (mv.)	жарылган жүгөрү	dʒarılgan dʒygøry
honing (de)	бал	bal
jam (de)	джем, конфитюр	dʒem, konfitʉr
kauwgom (de)	сагыз	sagız

36. Drankjes

water (het)	суу	suu
drinkwater (het)	ичүүчү суу	iʧyyʧy suu
mineraalwater (het)	минерал суусу	mineral suusu

zonder gas	газсыз	gazsız
koolzuurhoudend (bn)	газдалган	gazdalgan
bruisend (bn)	газы менен	gazı menen
ijs (het)	муз	muz

met ijs	музу менен	muzu menen
alcohol vrij (bn)	алкоголсуз	alkogolsuz
alcohol vrije drank (de)	алкоголсуз ичимдик	alkogolsuz itʃimdik
frisdrank (de)	суусундук	suusunduk
limonade (de)	лимонад	limonad
alcoholische dranken (mv.)	спирт ичимдиктери	spirt itʃimdikteri
wijn (de)	шарап	ʃarap
witte wijn (de)	ак шарап	ak ʃarap
rode wijn (de)	кызыл шарап	kızıl ʃarap
likeur (de)	ликёр	likʲor
champagne (de)	шампан	ʃampan
vermout (de)	вермут	vermut
whisky (de)	виски	viski
wodka (de)	арак	arak
gin (de)	джин	dʒin
cognac (de)	коньяк	konjak
rum (de)	ром	rom
koffie (de)	кофе	kofe
zwarte koffie (de)	кара кофе	kara kofe
koffie (de) met melk	сүттөлгөн кофе	syttølgøn kofe
cappuccino (de)	капучино	kaputʃino
oploskoffie (de)	эрүүчү кофе	eryytʃy kofe
melk (de)	сүт	syt
cocktail (de)	коктейль	koktejlʲ
milkshake (de)	сүт коктейли	syt koktejli
sap (het)	шире	ʃire
tomatensap (het)	томат ширеси	tomat ʃiresi
sinaasappelsap (het)	апельсин ширеси	apelʲsin ʃiresi
vers geperst sap (het)	түз сыгылып алынган шире	tyz sıgılıp alıngan ʃire
bier (het)	сыра	sıra
licht bier (het)	ачык сыра	atʃık sıra
donker bier (het)	коңур сыра	koŋur sıra
thee (de)	чай	tʃaj
zwarte thee (de)	кара чай	kara tʃaj
groene thee (de)	жашыл чай	dʒaʃıl tʃaj

37. Groenten

groenten (mv.)	жашылча	dʒaʃıltʃa
verse kruiden (mv.)	көк чөп	køk tʃøp
tomaat (de)	помидор	pomidor
augurk (de)	бадыраң	badıraŋ
wortel (de)	сабиз	sabiz
aardappel (de)	картошка	kartoʃka

ui (de)	пияз	pijaz
knoflook (de)	сарымсак	sarımsak
kool (de)	капуста	kapusta
bloemkool (de)	гүлдүү капуста	gyldyy kapusta
spruitkool (de)	брюссель капустасы	brʉsselʲ kapustası
broccoli (de)	брокколи капустасы	brokkoli kapustası
rode biet (de)	кызылча	kızıltʃa
aubergine (de)	баклажан	baklaʤan
courgette (de)	кабачок	kabatʃok
pompoen (de)	ашкабак	aʃkabak
raap (de)	шалгам	ʃalgam
peterselie (de)	петрушка	petruʃka
dille (de)	укроп	ukrop
sla (de)	салат	salat
selderij (de)	сельдерей	selʲderej
asperge (de)	спаржа	sparʤa
spinazie (de)	шпинат	ʃpinat
erwt (de)	нокот	nokot
bonen (mv.)	буурчак	buurtʃak
maïs (de)	жүгөрү	ʤygøry
nierboon (de)	төө буурчак	tøø buurtʃak
peper (de)	таттуу перец	tattuu perets
radijs (de)	шалгам	ʃalgam
artisjok (de)	артишок	artiʃok

38. Vruchten. Noten

vrucht (de)	мөмө	mømø
appel (de)	алма	alma
peer (de)	алмурут	almurut
citroen (de)	лимон	limon
sinaasappel (de)	апельсин	apelʲsin
aardbei (de)	кулпунай	kulpunaj
mandarijn (de)	мандарин	mandarin
pruim (de)	кара өрүк	kara øryk
perzik (de)	шабдаалы	ʃabdaalı
abrikoos (de)	өрүк	øryk
framboos (de)	дан куурай	dan kuuraj
ananas (de)	ананас	ananas
banaan (de)	банан	banan
watermeloen (de)	арбуз	arbuz
druif (de)	жүзүм	ʤyzym
zure kers (de)	алча	altʃa
zoete kers (de)	гилас	gilas
meloen (de)	коон	koon
grapefruit (de)	грейпфрут	grejpfrut
avocado (de)	авокадо	avokado

papaja (de)	папайя	papaja
mango (de)	манго	mango
granaatappel (de)	анар	anar

rode bes (de)	кызыл карагат	kızıl karagat
zwarte bes (de)	кара карагат	kara karagat
kruisbes (de)	крыжовник	krıdʒovnik
blauwe bosbes (de)	кара моюл	kara mojʉl
braambes (de)	кара бүлдүркөн	kara byldyrkøn

rozijn (de)	мейиз	mejiz
vijg (de)	анжир	andʒir
dadel (de)	курма	kurma

pinda (de)	арахис	araχis
amandel (de)	бадам	badam
walnoot (de)	жаңгак	dʒaŋgak
hazelnoot (de)	токой жаңгагы	tokoj dʒaŋgagı
kokosnoot (de)	кокос жаңгагы	kokos dʒaŋgagı
pistaches (mv.)	мисте	miste

39. Brood. Snoep

suikerbakkerij (de)	кондитер азыктары	konditer azıktarı
brood (het)	нан	nan
koekje (het)	печенье	petʃenje

chocolade (de)	шоколад	ʃokolad
chocolade- (abn)	шоколаддан	ʃokoladdan
snoepje (het)	конфета	konfeta
cakeje (het)	пирожное	pirodʒnoe
taart (bijv. verjaardags~)	торт	tort

pastei (de)	пирог	pirog
vulling (de)	начинка	natʃinka

confituur (de)	кыям	kıjam
marmelade (de)	мармелад	marmelad
wafel (de)	вафли	vafli
ijsje (het)	бал муздак	bal muzdak
pudding (de)	пудинг	puding

40. Bereide gerechten

gerecht (het)	тамак	tamak
keuken (bijv. Franse ~)	даам	daam
recept (het)	тамак жасоо ыкмасы	tamak dʒasoo ıkması
portie (de)	порция	portsija

salade (de)	салат	salat
soep (de)	сорпо	sorpo
bouillon (de)	ынак сорпо	ınak sorpo

boterham (de)	бутерброд	buterbrod
spiegelei (het)	куурулган жумуртка	kuurulgan dʒumurtka

hamburger (de)	гамбургер	gamburger
biefstuk (de)	бифштекс	bifʃteks

garnering (de)	гарнир	garnir
spaghetti (de)	спагетти	spagetti
aardappelpuree (de)	эзилген картошка	ezilgen kartoʃka
pizza (de)	пицца	pitsa
pap (de)	ботко	botko
omelet (de)	омлет	omlet

gekookt (in water)	сууга бышырылган	suuga bıʃırılgan
gerookt (bn)	ышталган	ıʃtalgan
gebakken (bn)	куурулган	kuurulgan
gedroogd (bn)	кургатылган	kurgatılgan
diepvries (bn)	тоңдурулган	toŋdurulgan
gemarineerd (bn)	маринаддагы	marinaddagı

zoet (bn)	таттуу	tattuu
gezouten (bn)	туздуу	tuzduu
koud (bn)	муздак	muzdak
heet (bn)	ысык	ısık
bitter (bn)	ачуу	atʃuu
lekker (bn)	даамдуу	daamduu

koken (in kokend water)	кайнатуу	kajnatuu
bereiden (avondmaaltijd ~)	тамак бышыруу	tamak bıʃıruu
bakken (ww)	кууруу	kuuruu
opwarmen (ww)	жылытуу	dʒılıtuu

zouten (ww)	туздоо	tuzdoo
peperen (ww)	калемпир кошуу	kalempir koʃuu
raspen (ww)	сүргүлөө	syrgyløø
schil (de)	сырты	sırtı
schillen (ww)	тазалоо	tazaloo

41. Kruiden

zout (het)	туз	tuz
gezouten (bn)	туздуу	tuzduu
zouten (ww)	туздоо	tuzdoo

zwarte peper (de)	кара мурч	kara murtʃ
rode peper (de)	кызыл калемпир	kızıl kalempir
mosterd (de)	горчица	gortʃitsa
mierikswortel (de)	хрен	χren

condiment (het)	татымал	tatımal
specerij, kruiderij (de)	татымал	tatımal
saus (de)	соус	sous
azijn (de)	уксус	uksus
anijs (de)	анис	anis

basilicum (de)	райхон	rajχon
kruidnagel (de)	гвоздика	gvozdika
gember (de)	имбирь	imbirⁱ
koriander (de)	кориандр	koriandr
kaneel (de/het)	корица	koritsa

sesamzaad (het)	кунжут	kundʒut
laurierblad (het)	лавр жалбырагы	lavr dʒalbıragı
paprika (de)	паприка	paprika
komijn (de)	зира	zira
saffraan (de)	заапаран	zaaparan

42. Maaltijden

| eten (het) | тамак | tamak |
| eten (ww) | тамактануу | tamaktanuu |

ontbijt (het)	таңкы тамак	taŋkı tamak
ontbijten (ww)	эртең менен тамактануу	erteŋ menen tamaktanuu
lunch (de)	түшкү тамак	tyʃky tamak
lunchen (ww)	түштөнүү	tyʃtønyy
avondeten (het)	кечки тамак	ketʃki tamak
souperen (ww)	кечки тамакты ичүү	ketʃki tamaktı itʃyy

| eetlust (de) | табит | tabit |
| Eet smakelijk! | Тамагыңыз таттуу болсун! | tamagıŋız tattuu bolsun! |

openen (een fles ~)	ачуу	atʃuu
morsen (koffie, enz.)	төгүп алуу	tøgyp aluu
zijn gemorst	төгүлүү	tøgylyy
koken (water kookt bij 100°C)	кайноо	kajnoo
koken (Hoe om water te ~)	кайнатуу	kajnatuu
gekookt (~ water)	кайнатылган	kajnatılgan
afkoelen (koeler maken)	суутуу	suutuu
afkoelen (koeler worden)	сууп туруу	suup turuu

| smaak (de) | даам | daam |
| nasmaak (de) | даамдануу | daamdanuu |

volgen een dieet	арыктоо	arıktoo
dieet (het)	мүнөз тамак	mynøz tamak
vitamine (de)	витамин	vitamin
calorie (de)	калория	kalorija
vegetariër (de)	эттен чанган	etten tʃangan
vegetarisch (bn)	этсиз даярдалган	etsiz dajardalgan

vetten (mv.)	майлар	majlar
eiwitten (mv.)	белоктор	beloktor
koolhydraten (mv.)	көмүрсуулар	kømyrsuular

snede (de)	кесим	kesim
stuk (bijv. een ~ taart)	бөлүк	bølyk
kruimel (de)	күкүм	kykym

43. Tafelschikking

lepel (de)	кашык	kaʃık
mes (het)	бычак	bıʧak
vork (de)	вилка	vilka
kopje (het)	чөйчөк	ʧøjʧøk
bord (het)	табак	tabak
schoteltje (het)	табак	tabak
servet (het)	майлык	majlık
tandenstoker (de)	тиш чукугуч	tiʃ ʧukuguʧ

44. Restaurant

restaurant (het)	ресторан	restoran
koffiehuis (het)	кофекана	kofekana
bar (de)	бар	bar
tearoom (de)	чай салону	ʧaj salonu
kelner, ober (de)	официант	ofitsiant
serveerster (de)	официант кыз	ofitsiant kız
barman (de)	бармен	barmen
menu (het)	меню	menu
wijnkaart (de)	шарап картасы	ʃarap kartası
een tafel reserveren	столду камдык буйрутмалоо	stoldu kamdık bujrutmaloo
gerecht (het)	тамак	tamak
bestellen (eten ~)	буйрутма кылуу	bujrutma kıluu
een bestelling maken	буйрутма берүү	bujrutma beryy
aperitief (de/het)	аперитив	aperitiv
voorgerecht (het)	ысылык	ısılık
dessert (het)	десерт	desert
rekening (de)	эсеп	esep
de rekening betalen	эсеп төлөө	esep tøløø
wisselgeld teruggeven	майда акчаны кайтаруу	majda akʧanı kajtaruu
fooi (de)	чайпул	ʧajpul

Familie, verwanten en vrienden

45. Persoonlijke informatie. Formulieren

naam (de)	аты	atı
achternaam (de)	фамилиясы	familijası
geboortedatum (de)	төрөлгөн күнү	tørølgøn kyny
geboorteplaats (de)	туулган жери	tuulgan dʒeri
nationaliteit (de)	улуту	ulutu
woonplaats (de)	жашаган жери	dʒaʃagan dʒeri
land (het)	өлкө	ølkø
beroep (het)	кесиби	kesibi
geslacht (ov. het vrouwelijk ~)	жынысы	dʒınısı
lengte (de)	бою	bojʉ
gewicht (het)	салмак	salmak

46. Familieleden. Verwanten

moeder (de)	эне	ene
vader (de)	ата	ata
zoon (de)	уул	uul
dochter (de)	кыз	kız
jongste dochter (de)	кичүү кыз	kitʃyy kız
jongste zoon (de)	кичүү уул	kitʃyy uul
oudste dochter (de)	улуу кыз	uluu kız
oudste zoon (de)	улуу уул	uluu uul
broer (de)	бир тууган	bir tuugan
oudere broer (de)	байке	bajke
jongere broer (de)	ини	ini
zuster (de)	бир тууган	bir tuugan
oudere zuster (de)	эже	edʒe
jongere zuster (de)	синди	siŋdi
neef (zoon van oom, tante)	атасы же энеси бир тууган	atası dʒe enesi bir tuugan
nicht (dochter van oom, tante)	атасы же энеси бир тууган	atası dʒe enesi bir tuugan
mama (de)	апа	apa
papa (de)	ата	ata
ouders (mv.)	ата-эне	ata-ene
kind (het)	бала	bala
kinderen (mv.)	балдар	baldar

oma (de)	чоӊ апа	tʃoŋ apa
opa (de)	чоӊ ата	tʃoŋ ata
kleinzoon (de)	небере бала	nebere bala
kleindochter (de)	небере кыз	nebere kız
kleinkinderen (mv.)	неберелер	nebereler

oom (de)	таяке	tajake
tante (de)	таяже	tajadʒe
neef (zoon van broer, zus)	ини	ini
nicht (dochter van broer, zus)	жээн	dʒeen

schoonmoeder (de)	кайын эне	kajın ene
schoonvader (de)	кайын ата	kajın ata
schoonzoon (de)	күйөө бала	kyjøø bala
stiefmoeder (de)	өгөй эне	øgøj ene
stiefvader (de)	өгөй ата	øgøj ata

zuigeling (de)	эмчектеги бала	emtʃektegi bala
wiegenkind (het)	ымыркай	ımırkaj
kleuter (de)	бөбөк	bøbøk

vrouw (de)	аял	ajal
man (de)	эр	er
echtgenoot (de)	күйөө	kyjøø
echtgenote (de)	зайып	zajıp

gehuwd (mann.)	аялы бар	ajalı bar
gehuwd (vrouw.)	күйөөдө	kyjøødø
ongehuwd (mann.)	бойдок	bojdok
vrijgezel (de)	бойдок	bojdok
gescheiden (bn)	ажырашкан	adʒıraʃkan
weduwe (de)	жесир	dʒesir
weduwnaar (de)	жесир	dʒesir

familielid (het)	тууган	tuugan
dichte familielid (het)	жакын тууган	dʒakın tuugan
verre familielid (het)	алыс тууган	alıs tuugan
familieleden (mv.)	бир тууган	bir tuugan

wees (de), weeskind (het)	жетим	dʒetim
voogd (de)	камкорчу	kamkortʃu
adopteren (een jongen te ~)	уул кылып асырап алуу	uul kılıp asırap aluu
adopteren (een meisje te ~)	кыз кылып асырап алуу	kız kılıp asırap aluu

Geneeskunde

47. Ziekten

ziekte (de)	оору	ooru
ziek zijn (ww)	ооруу	ooruu
gezondheid (de)	ден-соолук	den-sooluk
snotneus (de)	мурдунан суу агуу	murdunan suu aguu
angina (de)	ангина	angina
verkoudheid (de)	суук тийүү	suuk tijyy
verkouden raken (ww)	суук тийгизип алуу	suuk tijgizip aluu
bronchitis (de)	бронхит	bronχit
longontsteking (de)	кабыргадан сезгенүү	kabırgadan sezgenyy
griep (de)	сасык тумоо	sasık tumoo
bijziend (bn)	алыстан көрө албоо	alıstan kørø alboo
verziend (bn)	жакындан көрө албоо	dʒakından kørø alboo
scheelheid (de)	кылый көздүүлүк	kılıj køzdyylyk
scheel (bn)	кылый көздүүлүк	kılıj køzdyylyk
grauwe staar (de)	челкөз	tʃelkøz
glaucoom (het)	глаукома	glaukoma
beroerte (de)	мээге кан куюлуу	meege kan kujuluu
hartinfarct (het)	инфаркт	infarkt
myocardiaal infarct (het)	инфаркт миокарда	infarkt miokarda
verlamming (de)	шал	ʃal
verlammen (ww)	шал болуу	ʃal boluu
allergie (de)	аллергия	allergija
astma (de/het)	астма	astma
diabetes (de)	диабет	diabet
tandpijn (de)	тиш оорусу	tiʃ oorusu
tandbederf (het)	кариес	karies
diarree (de)	ич өткү	itʃ øtky
constipatie (de)	ич катуу	itʃ katuu
maagstoornis (de)	ич бузулгандык	itʃ buzulgandık
voedselvergiftiging (de)	уулануу	uulanuu
voedselvergiftiging oplopen	уулануу	uulanuu
artritis (de)	артрит	artrit
rachitis (de)	итий	itij
reuma (het)	кызыл жүгүрүк	kızıl dʒygyryk
arteriosclerose (de)	атеросклероз	ateroskleroz
gastritis (de)	карын сезгенүүсу	karın sezgenyysu
blindedarmontsteking (de)	аппендицит	appenditsit

| galblaasontsteking (de) | холецистит | χoletsistit |
| zweer (de) | жара | dʒara |

mazelen (mv.)	кызылча	kızıltʃa
rodehond (de)	кызамык	kızamık
geelzucht (de)	сарык	sarık
leverontsteking (de)	гепатит	gepatit

schizofrenie (de)	шизофрения	ʃizofrenija
dolheid (de)	кутурма	kuturma
neurose (de)	невроз	nevroz
hersenschudding (de)	мээнин чайкалышы	meenin tʃajkalıʃı

kanker (de)	рак	rak
sclerose (de)	склероз	skleroz
multiple sclerose (de)	жайылган склероз	dʒajılgan skleroz

alcoholisme (het)	аракечтик	araketʃtik
alcoholicus (de)	аракеч	araketʃ
syfilis (de)	котон жара	koton dʒara
AIDS (de)	СПИД	spid

tumor (de)	шишик	ʃiʃik
kwaadaardig (bn)	залалдуу	zalalduu
goedaardig (bn)	залалсыз	zalalsız

koorts (de)	безгек	bezgek
malaria (de)	безгек	bezgek
gangreen (het)	кабыз	kabız
zeeziekte (de)	деңиз оорусу	deŋiz oorusu
epilepsie (de)	талма	talma

epidemie (de)	эпидемия	epidemija
tyfus (de)	келте	kelte
tuberculose (de)	кургак учук	kurgak utʃuk
cholera (de)	холера	χolera
pest (de)	кара тумоо	kara tumoo

48. Symptomen. Behandelingen. Deel 1

symptoom (het)	белги	belgi
temperatuur (de)	дене табынын көтөрүлушу	dene tabının kөtөrylyʃy
verhoogde temperatuur (de)	жогорку температура	dʒogorku temperatura
polsslag (de)	тамыр кагышы	tamır kagıʃı

duizeling (de)	баш айлануу	baʃ ajlanuu
heet (erg warm)	ысык	ısık
koude rillingen (mv.)	чыйрыгуу	tʃıjrıguu
bleek (bn)	купкуу	kupkuu

hoest (de)	жөтөл	dʒөtөl
hoesten (ww)	жөтөлүү	dʒөtөlyy
niezen (ww)	чүчкүрүү	tʃytʃkyryy

47

| flauwte (de) | эси оо | esi oo |
| flauwvallen (ww) | эси ооп жыгылуу | esi oop dʒıgıluu |

blauwe plek (de)	көк-ала	køk-ala
buil (de)	шишик	ʃiʃik
zich stoten (ww)	урунуп алуу	urunup aluu
kneuzing (de)	көгөртүп алуу	køgørtyp aluu
kneuzen (gekneusd zijn)	көгөртүп алуу	køgørtyp aluu

hinken (ww)	аксоо	aksoo
verstuiking (de)	муундун чыгып кетүүсү	muundun tʃıgıp ketyysy
verstuiken (enkel, enz.)	чыгарып алуу	tʃıgarıp aluu
breuk (de)	сынуу	sınuu
een breuk oplopen	сындырып алуу	sındırıp aluu

snijwond (de)	кесилген жер	kesilgen dʒer
zich snijden (ww)	кесип алуу	kesip aluu
bloeding (de)	кан кетүү	kan ketyy

| brandwond (de) | күйүк | kyjyk |
| zich branden (ww) | күйгүзүп алуу | kyjgyzyp aluu |

prikken (ww)	саюу	sajuu
zich prikken (ww)	сайып алуу	sajıp aluu
blesseren (ww)	кокустатып алуу	kokustatıp aluu
blessure (letsel)	кокустатып алуу	kokustatıp aluu
wond (de)	жара	dʒara
trauma (het)	жаракат	dʒarakat

ijlen (ww)	жөлүү	dʒølyy
stotteren (ww)	кекечтенүү	keketʃtenyy
zonnesteek (de)	күн өтүү	kyn øtyy

49. Symptomen. Behandelingen. Deel 2

| pijn (de) | оору | ooru |
| splinter (de) | тикен | tiken |

zweet (het)	тер	ter
zweten (ww)	тердөө	terdøø
braking (de)	кусуу	kusuu
stuiptrekkingen (mv.)	тарамыш карышуусу	taramıʃ karıʃuusu

zwanger (bn)	кош бойлуу	koʃ bojluu
geboren worden (ww)	төрөлүү	tørølyy
geboorte (de)	төрөт	tørøt
baren (ww)	төрөө	tørøø
abortus (de)	бойдон түшүрүү	bojdon tyʃyryy

ademhaling (de)	дем алуу	dem aluu
inademing (de)	дем алуу	dem aluu
uitademing (de)	дем чыгаруу	dem tʃıgaruu
uitademen (ww)	дем чыгаруу	dem tʃıgaruu
inademen (ww)	дем алуу	dem aluu

invalide (de)	майып	majıp
gehandicapte (de)	мунжу	mundʒu
drugsverslaafde (de)	баңги	baŋgi

doof (bn)	дүлөй	dyløj
stom (bn)	дудук	duduk
doofstom (bn)	дудук	duduk

krankzinnig (bn)	жин тийген	dʒin tijgen
krankzinnige (man)	жинди чалыш	dʒindi tʃalıʃ
krankzinnige (vrouw)	жинди чалыш	dʒindi tʃalıʃ
krankzinnig worden	мээси айныган	meesi ajnıgan

gen (het)	ген	gen
immuniteit (de)	иммунитет	immunitet
erfelijk (bn)	тукум куучулук	tukum kuutʃuluk
aangeboren (bn)	тубаса	tubasa

virus (het)	вирус	virus
microbe (de)	микроб	mikrob
bacterie (de)	бактерия	bakterija
infectie (de)	жугуштуу илдет	dʒuguʃtuu ildet

50. Symptomen. Behandelingen. Deel 3

ziekenhuis (het)	оорукана	oorukana
patiënt (de)	бейтап	bejtap

diagnose (de)	дарт аныктоо	dart anıktoo
genezing (de)	дарылоо	darıloo
medische behandeling (de)	дарылоо	darıloo
onder behandeling zijn	дарылануу	darılanuu
behandelen (ww)	дарылоо	darıloo
zorgen (zieken ~)	кароо	karoo
ziekenzorg (de)	кароо	karoo

operatie (de)	операция	operatsija
verbinden (een arm ~)	жараны таңуу	dʒaranı taŋuu
verband (het)	таңуу	taŋuu

vaccin (het)	эмдөө	emdøø
inenten (vaccineren)	эмдөө	emdøø
injectie (de)	ийне салуу	ijne saluu
een injectie geven	ийне сайдыруу	ijne sajdıruu

aanval (de)	оору кармап калуу	ooru karmap kaluu
amputatie (de)	кесүү	kesyy
amputeren (ww)	кесип таштоо	kesip taʃtoo
coma (het)	кома	koma
in coma liggen	комада болуу	komada boluu
intensieve zorg, ICU (de)	реанимация	reanimatsija

zich herstellen (ww)	сакаюу	sakajuu
toestand (de)	абал	abal

| bewustzijn (het) | эсинде | esinde |
| geheugen (het) | эс тутум | es tutum |

trekken (een kies ~)	тишти жулуу	tiʃti dʒuluu
vulling (de)	пломба	plomba
vullen (ww)	пломба салуу	plomba saluu

| hypnose (de) | гипноз | gipnoz |
| hypnotiseren (ww) | гипноз кылуу | gipnoz kıluu |

51. Artsen

dokter, arts (de)	доктур	doktur
ziekenzuster (de)	медсестра	medsestra
lijfarts (de)	жекелик доктур	dʒekelik doktur

tandarts (de)	тиш доктур	tiʃ doktur
oogarts (de)	көз доктур	køz doktur
therapeut (de)	терапевт	terapevt
chirurg (de)	хирург	χirurg

psychiater (de)	психиатр	psiχiatr
pediater (de)	педиатр	pediatr
psycholoog (de)	психолог	psiχolog
gynaecoloog (de)	гинеколог	ginekolog
cardioloog (de)	кардиолог	kardiolog

52. Geneeskunde. Medicijnen. Accessoires

geneesmiddel (het)	дары-дармек	darı-darmek
middel (het)	дары	darı
voorschrijven (ww)	жазып берүү	dʒazıp beryy
recept (het)	рецепт	retsept

tablet (de/het)	таблетка	tabletka
zalf (de)	май	maj
ampul (de)	ампула	ampula
drank (de)	аралашма	aralaʃma
siroop (de)	сироп	sirop
pil (de)	пилюля	pilʉlʲa
poeder (de/het)	күкүм	kykym

verband (het)	бинт	bint
watten (mv.)	пахта	paχta
jodium (het)	йод	jod

pleister (de)	лейкопластырь	lejkoplastırʲ
pipet (de)	дары тамызгыч	darı tamızgıtʃ
thermometer (de)	градусник	gradusnik
spuit (de)	шприц	ʃprits
rolstoel (de)	майып арабасы	majıp arabası
krukken (mv.)	колтук таяк	koltuk tajak

pijnstiller (de)	оору сездирбөөчү дары	ooru sezdirbøøtʃy darı
laxeermiddel (het)	ич алдыруучу дары	itʃ aldıruutʃu darı
spiritus (de)	спирт	spirt
medicinale kruiden (mv.)	дары чөптөр	darı tʃøptør
kruiden- (abn)	чөп чайы	tʃøp tʃajı

HET MENSELIJKE LEEFGEBIED

Stad

53. Stad. Het leven in de stad

stad (de)	шаар	ʃaar
hoofdstad (de)	борбор	borbor
dorp (het)	кыштак	kıʃtak
plattegrond (de)	шаардын планы	ʃaardın planı
centrum (ov. een stad)	шаардын борбору	ʃaardın borboru
voorstad (de)	шаардын чет жакасы	ʃaardın ʧet dʒakası
voorstads- (abn)	шаардын чет жакасындагы	ʃaardın ʧet dʒakasındagı
randgemeente (de)	чет-жака	ʧet-dʒaka
omgeving (de)	чет-жака	ʧet-dʒaka
blok (huizenblok)	квартал	kvartal
woonwijk (de)	турак-жай кварталы	turak-dʒaj kvartalı
verkeer (het)	көчө кыймылы	køʧø kıjmılı
verkeerslicht (het)	светофор	svetofor
openbaar vervoer (het)	шаар транспорту	ʃaar transportu
kruispunt (het)	кесилиш	kesiliʃ
zebrapad (oversteekplaats)	жөө жүрүүчүлөр жолу	dʒøø dʒyryyʧylør dʒolu
onderdoorgang (de)	жер астындагы жол	dʒer astındagı dʒol
oversteken (de straat ~)	жолду өтүү	dʒoldu øtyy
voetganger (de)	жөө жүрүүчү	dʒøø dʒyryyʧy
trottoir (het)	жанжол	dʒandʒol
brug (de)	көпүрө	køpyrø
dijk (de)	жээк жол	dʒeek dʒol
fontein (de)	фонтан	fontan
allee (de)	аллея	alleja
park (het)	сейил багы	sejil bagı
boulevard (de)	бульвар	bulʲvar
plein (het)	аянт	ajant
laan (de)	проспект	prospekt
straat (de)	көчө	køʧø
zijstraat (de)	чолок көчө	ʧolok køʧø
doodlopende straat (de)	туюк көчө	tujuk køʧø
huis (het)	үй	yj
gebouw (het)	имарат	imarat
wolkenkrabber (de)	көк тиреген көп кабаттуу үй	køk tiregen køp kabattuu yj

gevel (de)	үйдүн алды	yjdyn aldı
dak (het)	чатыр	ʧatır
venster (het)	терезе	tereze
boog (de)	түркүк	tyrkyk
pilaar (de)	мамы	mamı
hoek (ov. een gebouw)	бурч	burʧ

vitrine (de)	көрсөтмө айнек үкөк	kørsøtmø ajnek ykøk
gevelreclame (de)	көрнөк	kørnøk
affiche (de/het)	афиша	afiʃa
reclameposter (de)	көрнөк-жарнак	kørnøk-dʒarnak
aanplakbord (het)	жарнамалык такта	dʒarnamalık takta

vuilnis (de/het)	таштанды	taʃtandı
vuilnisbak (de)	таштанды челек	taʃtandı ʧelek
afval weggooien (ww)	таштоо	taʃtoo
stortplaats (de)	таштанды үйүлгөн жер	taʃtandı yjylgøn dʒer

telefooncel (de)	телефон будкасы	telefon budkası
straatlicht (het)	чырак мамы	ʧırak mamı
bank (de)	отургуч	oturguʧ

politieagent (de)	полиция кызматкери	politsija kızmatkeri
politie (de)	полиция	politsija
zwerver (de)	кайырчы	kajırʧı
dakloze (de)	селсаяк	selsajak

54. Stedelijke instellingen

winkel (de)	дүкөн	dykøn
apotheek (de)	дарыкана	darıkana
optiek (de)	оптика	optika
winkelcentrum (het)	соода борбору	sooda borboru
supermarkt (de)	супермаркет	supermarket

bakkerij (de)	нан дүкөнү	nan dykøny
bakker (de)	навайчы	navajʧı
banketbakkerij (de)	кондитердик дүкөн	konditerdik dykøn
kruidenier (de)	азык-түлүк	azık-tylyk
slagerij (de)	эт дүкөнү	et dykøny

groentewinkel (de)	жашылча дүкөнү	dʒaʃılʧa dykøny
markt (de)	базар	bazar

koffiehuis (het)	кофекана	kofekana
restaurant (het)	ресторан	restoran
bar (de)	сыракана	sırakana
pizzeria (de)	пиццерия	pitserija

kapperssalon (de/het)	чач тарач	ʧaʧ taraʧ
postkantoor (het)	почта	potʃta
stomerij (de)	химиялык тазалоо	χimijalık tazaloo
fotostudio (de)	фотоателье	fotoatelje
schoenwinkel (de)	бут кийим дүкөнү	but kijim dykøny

boekhandel (de)	китеп дүкөнү	kitep dykøny
sportwinkel (de)	спорт буюмдар дүкөнү	sport bujumdar dykøny
kledingreparatie (de)	кийим ондоочу жай	kijim ondootʃu dʒaj
kledingverhuur (de)	кийимди ижарага берүү	kijimdi idʒaraga beryy
videotheek (de)	тасмаларды ижарага берүү	tasmalardı idʒaraga beryy
circus (de/het)	цирк	tsırk
dierentuin (de)	зоопарк	zoopark
bioscoop (de)	кинотеатр	kinoteatr
museum (het)	музей	muzej
bibliotheek (de)	китепкана	kitepkana
theater (het)	театр	teatr
opera (de)	опера	opera
nachtclub (de)	түнкү клуб	tynky klub
casino (het)	казино	kazino
moskee (de)	мечит	metʃit
synagoge (de)	синагога	sinagoga
kathedraal (de)	чоң чиркөө	tʃoŋ tʃirkøø
tempel (de)	ибадаткана	ibadatkana
kerk (de)	чиркөө	tʃirkøø
instituut (het)	коллеж	kolledʒ
universiteit (de)	университет	universitet
school (de)	мектеп	mektep
gemeentehuis (het)	префектура	prefektura
stadhuis (het)	мэрия	merija
hotel (het)	мейманкана	mejmankana
bank (de)	банк	bank
ambassade (de)	элчилик	eltʃilik
reisbureau (het)	турагенттиги	turagenttigi
informatieloket (het)	маалымат бюросу	maalımat burosu
wisselkantoor (het)	алмаштыруу пункту	almaʃtıruu punktu
metro (de)	метро	metro
ziekenhuis (het)	оорукана	oorukana
benzinestation (het)	май куюучу станция	maj kujuutʃu stantsija
parking (de)	унаа токтоочу жай	unaa toktootʃu dʒaj

55. Borden

gevelreclame (de)	көрнөк	kørnøk
opschrift (het)	жазуу	dʒazuu
poster (de)	көрнөк	kørnøk
wegwijzer (de)	көрсөткүч	kørsøtkytʃ
pijl (de)	жебе	dʒebe
waarschuwing (verwittiging)	экертме	ekertme
waarschuwingsbord (het)	эскертүү белгиси	eskertyy belgisi

waarschuwen (ww)	эскертүү	eskertyy
vrije dag (de)	дем алыш күн	dem alıʃ kyn
dienstregeling (de)	ырааттама	ıraattama
openingsuren (mv.)	иш сааттары	iʃ saattarı

WELKOM!	КОШ КЕЛИҢИЗДЕР!	koʃ keliŋizder!
INGANG	КИРҮҮ	kiryy
UITGANG	ЧЫГУУ	ʧıguu

DUWEN	ӨЗҮҢҮЗДӨН ТҮРТҮҢҮЗ	øzyŋyzdøn tyrtyŋyz
TREKKEN	ӨЗҮҢҮЗГӨ ТАРТЫҢЫЗ	øzyŋyzgø tartıŋız
OPEN	АЧЫК	aʧık
GESLOTEN	ЖАБЫК	dʒabık

| DAMES | АЙЫМДАР ҮЧҮН | ajımdar yʧyn |
| HEREN | ЭРКЕКТЕР ҮЧҮН | erkekter yʧyn |

KORTING	АРЗАНДАТУУЛАР	arzandatuular
UITVERKOOP	САТЫП ТҮГӨТҮҮ	satıp tygøtyy
NIEUW!	СААМАЛЫК!	saamalık!
GRATIS	БЕКЕР	beker

PAS OP!	КӨҢҮЛ БУРУҢУЗ!	køŋyl buruŋuz!
VOLGEBOEKT	ОРУН ЖОК	orun dʒok
GERESERVEERD	КАМДЫК	kamdık
	БУЙРУТМАЛАГАН	bujrutmalagan

ADMINISTRATIE	АДМИНИСТРАЦИЯ	administratsija
ALLEEN VOOR	ЖААМАТ ҮЧҮН ГАНА	dʒaamat yʧyn gana
PERSONEEL		

GEVAARLIJKE HOND	КАБАНААК ИТ	kabanaak it
VERBODEN TE ROKEN!	ТАМЕКИ ЧЕГҮҮГӨ	tameki ʧegyygø
	БОЛБОЙТ!	bolbojt!
NIET AANRAKEN!	КОЛУҢАР МЕНЕН	koluŋar menen
	КАРМАБАГЫЛА!	karmabagıla!

GEVAARLIJK	КООПТУУ	kooptuu
GEVAAR	КОРКУНУЧ	korkunuʧ
HOOGSPANNING	ЖОГОРКУ ЧЫҢАЛУУ	dʒogorku ʧıŋaluu
VERBODEN TE ZWEMMEN	СУУГА ТҮШҮҮГӨ	suuga tyʃyygø
	БОЛБОЙТ	bolbojt
BUITEN GEBRUIK	ИШТЕБЕЙТ	iʃtebejt

ONTVLAMBAAR	ӨРТ ЧЫГУУ КОРКУНУЧУ	ørt ʧıguu korkunuʧu
VERBODEN	ТЫЮУ САЛЫНГАН	tıjuu salıngan
DOORGANG VERBODEN	ӨТҮҮГӨ БОЛБОЙТ	øtyygø bolbojt
OPGELET PAS GEVERFD	СЫРДАЛГАН	sırdalgan

56. Stedelijk vervoer

bus, autobus (de)	автобус	avtobus
tram (de)	трамвай	tramvaj
trolleybus (de)	троллейбус	trollejbus

route (de)	каттам	kattam
nummer (busnummer, enz.)	номер	nomer

rijden met ...	... жүрүү	... dʒyryy
stappen (in de bus ~)	... отуруу	... oturuu
afstappen (ww)	... түшүп калуу	... tyʃyp kaluu

halte (de)	аялдама	ajaldama
volgende halte (de)	кийинки аялдама	kijinki ajaldama
eindpunt (het)	акыркы аялдама	akɯrkɯ ajaldama
dienstregeling (de)	ырааттама	ɯraattama
wachten (ww)	күтүү	kytyy

kaartje (het)	билет	bilet
reiskosten (de)	билеттин баасы	bilettin baasɯ

kassier (de)	кассир	kassir
kaartcontrole (de)	текшерүү	tekʃeryy
controleur (de)	текшерүүчү	tekʃeryytʃy

te laat zijn (ww)	кечигүү	ketʃigyy
missen (de bus ~)	кечигип калуу	ketʃigip kaluu
zich haasten (ww)	шашуу	ʃaʃuu

taxi (de)	такси	taksi
taxichauffeur (de)	такси айдоочу	taksi ajdootʃu
met de taxi (bw)	таксиде	takside
taxistandplaats (de)	такси токтоочу жай	taksi toktootʃu dʒaj
een taxi bestellen	такси чакыруу	taksi tʃakɯruu
een taxi nemen	такси кармоо	taksi karmoo

verkeer (het)	көчө кыймылы	køtʃø kɯjmɯlɯ
file (de)	тыгын	tɯgɯn
spitsuur (het)	кызуу маал	kɯzuu maal
parkeren (on.ww.)	токтотуу	toktotuu
parkeren (ov.ww.)	машинаны жайлаштыруу	maʃinanɯ dʒajlaʃtɯruu
parking (de)	унаа токтоочу жай	unaa toktootʃu dʒaj

metro (de)	метро	metro
halte (bijv. kleine treinhalte)	бекет	beket
de metro nemen	метродо жүрүү	metrodo dʒyryy
trein (de)	поезд	poezd
station (treinstation)	вокзал	vokzal

57. Bezienswaardigheden

monument (het)	эстелик	estelik
vesting (de)	чеп	tʃep
paleis (het)	сарай	saraj
kasteel (het)	сепил	sepil
toren (de)	мунара	munara
mausoleum (het)	күмбөз	kymbøz
architectuur (de)	архитектура	arxitektura
middeleeuws (bn)	орто кылымдык	orto kɯlɯmdɯk

oud (bn)	байыркы	bajırkı
nationaal (bn)	улуттук	uluttuk
bekend (bn)	таанымал	taanımal

toerist (de)	турист	turist
gids (de)	гид	gid
rondleiding (de)	экскурсия	ekskursija
tonen (ww)	көрсөтүү	kørsøtyy
vertellen (ww)	айтып берүү	ajtıp beryy

vinden (ww)	табуу	tabuu
verdwalen (de weg kwijt zijn)	адашып кетүү	adaʃıp ketyy
plattegrond (~ van de metro)	схема	sχema
plattegrond (~ van de stad)	план	plan

souvenir (het)	асембелек	asembelek
souvenirwinkel (de)	асембелек дүкөнү	asembelek dykøny
foto's maken	сүрөткө тартуу	syrøtkø tartuu
zich laten fotograferen	сүрөткө түшүү	syrøtkø tyʃyy

58. Winkelen

kopen (ww)	сатып алуу	satıp aluu
aankoop (de)	сатып алуу	satıp aluu
winkelen (ww)	сатып алууга чыгуу	satıp aluuga tʃıguu
winkelen (het)	базарчылоо	bazartʃıloo

| open zijn (ov. een winkel, enz.) | иштөө | iʃtøø |
| gesloten zijn (ww) | жабылуу | dʒabıluu |

schoeisel (het)	бут кийим	but kijim
kleren (mv.)	кийим-кече	kijim-ketʃe
cosmetica (mv.)	упа-эндик	upa-endik
voedingswaren (mv.)	азык-түлүк	azık-tylyk
geschenk (het)	белек	belek

| verkoper (de) | сатуучу | satuutʃu |
| verkoopster (de) | сатуучу кыз | satuutʃu kız |

kassa (de)	касса	kassa
spiegel (de)	күзгү	kyzgy
toonbank (de)	прилавок	prilavok
paskamer (de)	кийим ченөөчү бөлмө	kijim tʃenøøtʃy bølmø

aanpassen (ww)	кийим ченөө	kijim tʃenøø
passen (ov. kleren)	ылайык келүү	ılajık kelyy
bevallen (prettig vinden)	жактыруу	dʒaktıruu

prijs (de)	баа	baa
prijskaartje (het)	баа	baa
kosten (ww)	туруу	turuu
Hoeveel?	Канча?	kantʃa?
korting (de)	арзандатуу	arzandatuu

niet duur (bn)	кымбат эмес	kımbat emes
goedkoop (bn)	арзан	arzan
duur (bn)	кымбат	kımbat
Dat is duur.	Бул кымбат	bul kımbat

verhuur (de)	ижара	idʒara
huren (smoking, enz.)	ижарага алуу	idʒaraga aluu
krediet (het)	насыя	nasıja
op krediet (bw)	насыяга алуу	nasıjaga aluu

59. Geld

geld (het)	акча	aktʃa
ruil (de)	алмаштыруу	almaʃtıruu
koers (de)	курс	kurs
geldautomaat (de)	банкомат	bankomat
muntstuk (de)	тыйын	tıjın

| dollar (de) | доллар | dollar |
| euro (de) | евро | evro |

lire (de)	италиялык лира	italijalık lira
Duitse mark (de)	немис маркасы	nemis markası
frank (de)	франк	frank
pond sterling (het)	фунт стерлинг	funt sterling
yen (de)	йена	jena

schuld (geldbedrag)	карыз	karız
schuldenaar (de)	карыздар	karızdar
uitlenen (ww)	карызга берүү	karızga beryy
lenen (geld ~)	карызга алуу	karızga aluu

bank (de)	банк	bank
bankrekening (de)	эсеп	esep
storten (ww)	салуу	saluu
op rekening storten	эсепке акча салуу	esepke aktʃa saluu
opnemen (ww)	эсептен акча чыгаруу	esepten aktʃa tʃıgaruu

kredietkaart (de)	насыя картасы	nasıja kartası
baar geld (het)	накталай акча	naktalaj aktʃa
cheque (de)	чек	tʃek
een cheque uitschrijven	чек жазып берүү	tʃek dʒazıp beryy
chequeboekje (het)	чек китепчеси	tʃek kiteptʃesi

portefeuille (de)	намыян	namıjan
geldbeugel (de)	капчык	kaptʃık
safe (de)	сейф	sejf

erfgenaam (de)	мураскер	murasker
erfenis (de)	мурас	muras
fortuin (het)	мүлк	mylk

| huur (de) | ижара | idʒara |
| huurprijs (de) | батир акысы | batir akısı |

huren (huis, kamer)	батирге алуу	batirge aluu
prijs (de)	баа	baa
kostprijs (de)	баа	baa
som (de)	сумма	summa

uitgeven (geld besteden)	коротуу	korotuu
kosten (mv.)	чыгым	tʃıgım
bezuinigen (ww)	үнөмдөө	ynømdøø
zuinig (bn)	сарамжал	saramdʒal

betalen (ww)	төлөө	tøløø
betaling (de)	акы төлөө	akı tøløø
wisselgeld (het)	кайтарылган майда акча	kajtarılgan majda aktʃa

belasting (de)	салык	salık
boete (de)	айып	ajıp
beboeten (bekeuren)	айып пул салуу	ajıp pul saluu

60. Post. Postkantoor

postkantoor (het)	почта	potʃta
post (de)	почта	potʃta
postbode (de)	кат ташуучу	kat taʃuutʃu
openingsuren (mv.)	иш сааттары	iʃ saattarı

brief (de)	кат	kat
aangetekende brief (de)	тапшырык кат	tapʃırık kat
briefkaart (de)	открытка	otkrıtka
telegram (het)	телеграмма	telegramma
postpakket (het)	посылка	posılka
overschrijving (de)	акча которуу	aktʃa kotoruu

ontvangen (ww)	алуу	aluu
sturen (zenden)	жөнөтүү	dʒønøtyy
verzending (de)	жөнөтүү	dʒønøtyy

| adres (het) | дарек | darek |
| postcode (de) | индекс | indeks |

| verzender (de) | жөнөтүүчү | dʒønøtyytʃy |
| ontvanger (de) | алуучу | aluutʃu |

| naam (de) | аты | atı |
| achternaam (de) | фамилиясы | familijası |

tarief (het)	тариф	tarif
standaard (bn)	жөнөкөй	dʒønøkøj
zuinig (bn)	үнөмдүү	ynømdyy

gewicht (het)	салмак	salmak
afwegen (op de weegschaal)	таразалоо	tarazaloo
envelop (de)	конверт	konvert
postzegel (de)	марка	marka
een postzegel plakken op	марка жабыштыруу	marka dʒabıʃtıruu

Woning. Huis. Thuis

61. Huis. Elektriciteit

elektriciteit (de)	электр кубаты	elektr kubatı
lamp (de)	чырак	tʃırak
schakelaar (de)	өчүргүч	øtʃyrgytʃ
zekering (de)	эриме сактагыч	erime saktagıtʃ
draad (de)	зым	zım
bedrading (de)	электр зымы	elektr zımı
elektriciteitsmeter (de)	электр эсептегич	elektr eseptegitʃ
gegevens (mv.)	көрсөтүү ченем	kørsøtyy tʃenem

62. Villa. Herenhuis

landhuisje (het)	шаар четиндеги үй	ʃaar tʃetindegi yj
villa (de)	вилла	villa
vleugel (de)	канат	kanat
tuin (de)	бакча	baktʃa
park (het)	сейил багы	sejil bagı
oranjerie (de)	күнөскана	kynøskana
onderhouden (tuin, enz.)	кароо	karoo
zwembad (het)	бассейн	bassejn
gym (het)	машыгуу залы	maʃıguu zalı
tennisveld (het)	теннис корту	tennis kortu
bioscoopkamer (de)	кинотеатр	kinoteatr
garage (de)	гараж	garadʒ
privé-eigendom (het)	жеке менчик	dʒeke mentʃik
eigen terrein (het)	жеке ээликте	dʒeke eelikte
waarschuwing (de)	эскертүү	eskertyy
waarschuwingsbord (het)	эскертүү белгиси	eskertyy belgisi
bewaking (de)	күзөт	kyzøt
bewaker (de)	кароолчу	karooltʃu
inbraakalarm (het)	сигнализация	signalizatsija

63. Appartement

appartement (het)	батир	batir
kamer (de)	бөлмө	bølmø
slaapkamer (de)	уктоочу бөлмө	uktootʃu bølmø

eetkamer (de)	ашкана	aʃkana
salon (de)	конок үйү	konok yjy
studeerkamer (de)	иш бөлмөсү	iʃ bølmøsy

gang (de)	кире бериш	kire beriʃ
badkamer (de)	ванная	vannaja
toilet (het)	даараткана	daaratkana

plafond (het)	шып	ʃɪp
vloer (de)	пол	pol
hoek (de)	бурч	burtʃ

64. Meubels. Interieur

meubels (mv.)	эмерек	emerek
tafel (de)	стол	stol
stoel (de)	стул	stul
bed (het)	керебет	kerebet

| bankstel (het) | диван | divan |
| fauteuil (de) | олпок отургуч | olpok oturgutʃ |

| boekenkast (de) | китеп шкафы | kitep ʃkafı |
| boekenrek (het) | текче | tektʃe |

kledingkast (de)	шкаф	ʃkaf
kapstok (de)	кийим илгич	kijim ilgitʃ
staande kapstok (de)	кийим илгич	kijim ilgitʃ

| commode (de) | комод | komod |
| salontafeltje (het) | журнал столу | dʒurnal stolu |

spiegel (de)	күзгү	kyzgy
tapijt (het)	килем	kilem
tapijtje (het)	килемче	kilemtʃe

haard (de)	очок	otʃok
kaars (de)	шам	ʃam
kandelaar (de)	шамдал	ʃamdal

gordijnen (mv.)	парда	parda
behang (het)	туш кагаз	tuʃ kagaz
jaloezie (de)	жалюзи	dʒaldʒuzi

| bureaulamp (de) | стол чырагы | stol tʃıragı |
| wandlamp (de) | чырак | tʃırak |

| staande lamp (de) | торшер | torʃer |
| luchter (de) | асма шам | asma ʃam |

poot (ov. een tafel, enz.)	бут	but
armleuning (de)	чыканак такооч	tʃıkanak takootʃ
rugleuning (de)	жөлөнгүч	dʒøløngytʃ
la (de)	суурма	suurma

65. Beddengoed

beddengoed (het)	шейшеп	ʃejʃep
kussen (het)	жаздык	dʒazdık
kussenovertrek (de)	жаздык кап	dʒazdık kap
deken (de)	жууркан	dʒuurkan
laken (het)	шейшеп	ʃejʃep
sprei (de)	жапкыч	dʒapkıtʃ

66. Keuken

keuken (de)	ашкана	aʃkana
gas (het)	газ	gaz
gasfornuis (het)	газ плитасы	gaz plitası
elektrisch fornuis (het)	электр плитасы	elektr plitası
oven (de)	духовка	duχovka
magnetronoven (de)	микротолкун меши	mikrotolkun meʃi
koelkast (de)	муздаткыч	muzdatkıtʃ
diepvriezer (de)	тоңдургуч	toŋdurgutʃ
vaatwasmachine (de)	идиш жуучу машина	idiʃ dʒuutʃu maʃina
vleesmolen (de)	эт туурагыч	et tuuragıtʃ
vruchtenpers (de)	шире сыккыч	ʃire sıkkıtʃ
toaster (de)	тостер	toster
mixer (de)	миксер	mikser
koffiemachine (de)	кофе кайнаткыч	kofe kajnatkıtʃ
koffiepot (de)	кофе кайнатуучу идиш	kofe kajnatuutʃu idiʃ
koffiemolen (de)	кофе майдалагыч	kofe majdalagıtʃ
fluitketel (de)	чайнек	tʃajnek
theepot (de)	чайнек	tʃajnek
deksel (de/het)	капкак	kapkak
theezeefje (het)	чыпка	tʃıpka
lepel (de)	кашык	kaʃik
theelepeltje (het)	чай кашык	tʃaj kaʃik
eetlepel (de)	аш кашык	aʃ kaʃik
vork (de)	вилка	vilka
mes (het)	бычак	bıtʃak
vaatwerk (het)	идиш-аяк	idiʃ-ajak
bord (het)	табак	tabak
schoteltje (het)	табак	tabak
likeurglas (het)	рюмка	rʉmka
glas (het)	ыстакан	ıstakan
kopje (het)	чөйчөк	tʃøjtʃøk
suikerpot (de)	кум шекер салгыч	kum ʃeker salgıtʃ
zoutvat (het)	туз салгыч	tuz salgıtʃ
pepervat (het)	мурч салгыч	murtʃ salgıtʃ

boterschaaltje (het)	май салгыч	maj salgɪʧ
pan (de)	мискей	miskej
bakpan (de)	табак	tabak
pollepel (de)	чөмүч	ʧømyʧ
vergiet (de/het)	депкир	depkir
dienblad (het)	батыныс	batɪnɪs

fles (de)	бөтөлкө	bøtølkø
glazen pot (de)	банка	banka
blik (conserven~)	банка	banka

flesopener (de)	ачкыч	aʧkɪʧ
blikopener (de)	ачкыч	aʧkɪʧ
kurkentrekker (de)	штопор	ʃtopor
filter (de/het)	чыпка	ʧɪpka
filteren (ww)	чыпкалоо	ʧɪpkaloo

huisvuil (het)	таштанды	taʃtandɪ
vuilnisemmer (de)	таштанды чака	taʃtandɪ ʧaka

67. Badkamer

badkamer (de)	ванная	vannaja
water (het)	суу	suu
kraan (de)	чорго	ʧorgo
warm water (het)	ысык суу	ɪsɪk suu
koud water (het)	муздак суу	muzdak suu

tandpasta (de)	тиш пастасы	tiʃ pastasɪ
tanden poetsen (ww)	тиш жуу	tiʃ dʒuu
tandenborstel (de)	тиш щёткасы	tiʃ ʃʧʲotkasɪ

zich scheren (ww)	кырынуу	kɪrɪnuu
scheercrème (de)	кырынуу үчүн көбүк	kɪrɪnuu yʧyn købyk
scheermes (het)	устара	ustara

wassen (ww)	жуу	dʒuu
een bad nemen	жуунуу	dʒuunuu
douche (de)	душ	duʃ
een douche nemen	душка түшүү	duʃka tyʃyy

bad (het)	ванна	vanna
toiletpot (de)	унитаз	unitaz
wastafel (de)	раковина	rakovina

zeep (de)	самын	samɪn
zeepbakje (het)	самын салгыч	samɪn salgɪʧ

spons (de)	губка	gubka
shampoo (de)	шампунь	ʃampunʲ
handdoek (de)	сүлгү	sylgy
badjas (de)	халат	χalat
was (bijv. handwas)	кир жуу	kir dʒuu
wasmachine (de)	кир жуучу машина	kir dʒuuʧu maʃina

| de was doen | кир жуу | kir dʒuu |
| waspoeder (de) | кир жуучу порошок | kir dʒuutʃu poroʃok |

68. Huishoudelijke apparaten

televisie (de)	сыналгы	sınalgı
cassettespeler (de)	магнитофон	magnitofon
videorecorder (de)	видеомагнитофон	videomagnitofon
radio (de)	үналгы	ynalgı
speler (de)	плеер	pleer

videoprojector (de)	видеопроектор	videoproektor
home theater systeem (het)	үй кинотеатры	yj kinoteatrı
DVD-speler (de)	DVD ойноткуч	dividi ojnotkutʃ
versterker (de)	күчөткүч	kytʃøtkytʃ
spelconsole (de)	оюн приставкасы	ojun pristavkası

videocamera (de)	видеокамера	videokamera
fotocamera (de)	фотоаппарат	fotoapparat
digitale camera (de)	санарип камерасы	sanarip kamerası

stofzuiger (de)	чаң соргуч	tʃaŋ sorgutʃ
strijkijzer (het)	үтүк	ytyk
strijkplank (de)	үтүктөөчү тактай	ytyktøøtʃy taktaj

telefoon (de)	телефон	telefon
mobieltje (het)	мобилдик	mobildik
schrijfmachine (de)	машинка	maʃinka
naaimachine (de)	кийим тигүүчү машинка	kijim tigyytʃy maʃinka

microfoon (de)	микрофон	mikrofon
koptelefoon (de)	кулакчын	kulaktʃın
afstandsbediening (de)	пульт	pulʲt

CD (de)	CD, компакт-диск	sidi, kompakt-disk
cassette (de)	кассета	kasseta
vinylplaat (de)	пластинка	plastinka

MENSELIJKE ACTIVITEITEN

Baan. Business. Deel 1

69. Kantoor. Op kantoor werken

kantoor (het)	офис	ofis
kamer (de)	кабинет	kabinet
receptie (de)	кабыл алуу катчысы	kabıl aluu kattʃısı
secretaris (de)	катчы	kattʃı
secretaresse (de)	катчы аял	kattʃı ajal
directeur (de)	директор	direktor
manager (de)	башкаруучу	baʃkaruutʃu
boekhouder (de)	бухгалтер	buχgalter
werknemer (de)	кызматкер	kızmatker
meubilair (het)	эмерек	emerek
tafel (de)	стол	stol
bureaustoel (de)	кресло	kreslo
ladeblok (het)	үкөк	ykøk
kapstok (de)	кийим илгич	kijim ilgitʃ
computer (de)	компьютер	kompjʉter
printer (de)	принтер	printer
fax (de)	факс	faks
kopieerapparaat (het)	көчүрүүчү аппарат	køtʃyryytʃy apparat
papier (het)	кагаз	kagaz
kantoorartikelen (mv.)	кеңсе буюмдары	keŋse bujʉmdarı
muismat (de)	килемче	kilemtʃe
blad (het)	баракча	baraktʃa
ordner (de)	папка	papka
catalogus (de)	каталог	katalog
telefoongids (de)	абоненттердин тизмеси	abonentterdin tizmesi
documentatie (de)	документтер	dokumentter
brochure (de)	китепче	kiteptʃe
flyer (de)	баракча	baraktʃa
monster (het), staal (de)	үлгү	ylgy
training (de)	окутуу	okutuu
vergadering (de)	кеңеш	keŋeʃ
lunchpauze (de)	түшкү танапис	tyʃky tanapis
een kopie maken	көчүрмө алуу	køtʃyrmø aluu
de kopieën maken	көбөйтүү	købøjtyy
een fax ontvangen	факс алуу	faks aluu
een fax versturen	факс жөнөтүү	faks dʒønøtyy

opbellen (ww)	чалуу	tʃaluu
antwoorden (ww)	жооп берүү	dʒoop beryy
doorverbinden (ww)	байланыштыруу	bajlanıʃtıruu

afspreken (ww)	уюштуруу	ujuʃturuu
demonstreren (ww)	көрсөтүү	kørsøtyy
absent zijn (ww)	келбей калуу	kelbej kaluu
afwezigheid (de)	барбай калуу	barbaj kaluu

70. Bedrijfsprocessen. Deel 1

| bedrijf (business) | иш | iʃ |
| zaak (de), beroep (het) | жумуш | dʒumuʃ |

firma (de)	фирма	firma
bedrijf (maatschap)	компания	kompanija
corporatie (de)	корпорация	korporatsija
onderneming (de)	ишкана	iʃkana
agentschap (het)	агенттик	agenttik

overeenkomst (de)	келишим	keliʃim
contract (het)	контракт	kontrakt
transactie (de)	бүтүм	bytym
bestelling (de)	буйрутма	bujrutma
voorwaarde (de)	шарт	ʃart

in het groot (bw)	дүңү менен	dyŋy menen
groothandels- (abn)	дүңүнөн	dyŋynøn
groothandel (de)	дүң соода	dyŋ sooda
kleinhandels- (abn)	чекене	tʃekene
kleinhandel (de)	чекене соода	tʃekene sooda

concurrent (de)	атаандаш	ataandaʃ
concurrentie (de)	атаандаштык	ataandaʃtık
concurreren (ww)	атаандашуу	ataandaʃuu

| partner (de) | өнөктөш | ønøktøʃ |
| partnerschap (het) | өнөктөштүк | ønøktøʃtyk |

crisis (de)	каатчылык	kaattʃılık
bankroet (het)	кудуретсиздик	kuduretsizdik
bankroet gaan (ww)	кудуретсиз калуу	kuduretsiz kaluu
moeilijkheid (de)	кыйынчылык	kıjıntʃılık
probleem (het)	көйгөй	køjgøj
catastrofe (de)	киши көрбөсүн	kiʃi kørbøsyn

economie (de)	экономика	ekonomika
economisch (bn)	экономикалык	ekonomikalık
economische recessie (de)	экономикалык төмөндөө	ekonomikalık tømøndøø

doel (het)	максат	maksat
taak (de)	маселе	masele
handelen (handel drijven)	соодалашуу	soodalaʃuu
netwerk (het)	тармак	tarmak

| voorraad (de) | кампа | kampa |
| assortiment (het) | ассортимент | assortiment |

leider (de)	алдыңкы катардагы	aldıŋkı katardagı
groot (bn)	ири	iri
monopolie (het)	монополия	monopolija

theorie (de)	теория	teorija
praktijk (de)	тажрыйба	tadʒrıjba
ervaring (de)	тажрыйба	tadʒrıjba
tendentie (de)	умтулуу	umtuluu
ontwikkeling (de)	өнүгүү	ønygyy

71. Bedrijfsprocessen. Deel 2

| voordeel (het) | пайда | pajda |
| voordelig (bn) | майнаптуу | majnaptuu |

delegatie (de)	делегация	delegatsija
salaris (het)	кызмат акы	kızmat akı
corrigeren (fouten ~)	түзөтүү	tyzøtyy
zakenreis (de)	иш сапар	iʃ sapar
commissie (de)	комиссия	komissija

controleren (ww)	башкаруу	baʃkaruu
conferentie (de)	иш жыйын	iʃ dʒıjın
licentie (de)	лицензия	litsenzija
betrouwbaar (partner, enz.)	ишеничтүү	iʃenitʃtyy

aanzet (de)	демилге	demilge
norm (bijv. ~ stellen)	стандарт	standart
omstandigheid (de)	жагдай	dʒagdaj
taak, plicht (de)	милдет	mildet

organisatie (bedrijf, zaak)	уюм	ujʉm
organisatie (proces)	уюштуруу	ujʉʃturuu
georganiseerd (bn)	уюштурулган	ujʉʃturulgan
afzegging (de)	токтотуу	toktotuu
afzeggen (ww)	жокко чыгаруу	dʒokko tʃıgaruu
verslag (het)	отчет	ottʃet

patent (het)	патент	patent
patenteren (ww)	патентөө	patentøø
plannen (ww)	пландаштыруу	plandaʃtıruu

premie (de)	сыйлык	sıjlık
professioneel (bn)	кесипкөй	kesipkøj
procedure (de)	тартип	tartip

onderzoeken (contract, enz.)	карап чыгуу	karap tʃıguu
berekening (de)	эсеп-кысап	esep-kısap
reputatie (de)	аброй	abroj
risico (het)	тобокел	tobokel
beheren (managen)	башкаруу	baʃkaruu

informatie (de)	маалымат	maalımat
eigendom (bezit)	менчик	mentʃik
unie (de)	бирикме	birikme

levensverzekering (de)	жашоону камсыздандыруу	dʒaʃoonu kamsızdandıruu
verzekeren (ww)	камсыздандыруу	kamsızdandıruu
verzekering (de)	камсыздандыруу	kamsızdandıruu

veiling (de)	тоорук	tooruk
verwittigen (ww)	билдирүү	bildiryy
beheer (het)	башкаруу	baʃkaruu
dienst (de)	кызмат	kızmat

forum (het)	форум	forum
functioneren (ww)	иш-милдетти аткаруу	iʃ-mildetti atkaruu
stap, etappe (de)	кадам	kadam
juridisch (bn)	укуктуу	ukuktuu
jurist (de)	юрист	jʉrist

72. Productie. Werken

industriële installatie (fabriek)	завод	zavod
fabriek (de)	фабрика	fabrika
werkplaatsruimte (de)	цех	tseχ
productielocatie (de)	өндүрүш	øndyryʃ

industrie (de)	өнөр-жай	ønør-dʒaj
industrieel (bn)	өнөр-жай	ønør-dʒaj
zware industrie (de)	оор өнөр-жай	oor ønør-dʒaj
lichte industrie (de)	жеңил өнөр-жай	dʒeŋil ønør-dʒaj

productie (de)	өндүрүм	øndyrym
produceren (ww)	өндүрүү	øndyryy
grondstof (de)	чийки зат	tʃijki zat

voorman, ploegbaas (de)	бригадир	brigadir
ploeg (de)	бригада	brigada
arbeider (de)	жумушчу	dʒumuʃtʃu

werkdag (de)	иш күнү	iʃ kyny
pauze (de)	тыныгуу	tınıguu
samenkomst (de)	чогулуш	tʃoguluʃ
bespreken (spreken over)	талкуулоо	talkuuloo

plan (het)	план	plan
het plan uitvoeren	планды аткаруу	plandı atkaruu
productienorm (de)	иштеп чыгаруу коюму	iʃtep tʃıgaruu kojʉmu
kwaliteit (de)	сапат	sapat
controle (de)	текшерүү	tekʃeryy
kwaliteitscontrole (de)	сапат текшерүү	sapat tekʃeryy

| arbeidsveiligheid (de) | эмгек коопсуздугу | emgek koopsuzdugu |
| discipline (de) | тартип | tartip |

overtreding (de)	бузуу	buzuu
overtreden (ww)	бузуу	buzuu

staking (de)	ишти калтыруу	iʃti kaltıruu
staker (de)	иш калтыргыч	iʃ kaltırgıtʃ
staken (ww)	ишти калтыруу	iʃti kaltıruu
vakbond (de)	профсоюз	profsojʉz

uitvinden (machine, enz.)	ойлоп табуу	ojlop tabuu
uitvinding (de)	ойлоп табылган нерсе	ojlop tabılgan nerse
onderzoek (het)	изилдөө	izildøø
verbeteren (beter maken)	жакшыртуу	dʒakʃırtuu
technologie (de)	технология	teχnologija
technische tekening (de)	чийме	tʃijme

vracht (de)	жүк	dʒyk
lader (de)	жүк ташуучу	dʒyk taʃuutʃu
laden (vrachtwagen)	жүктөө	dʒyktøø
laden (het)	жүктөө	dʒyktøø
lossen (ww)	жүк түшүрүү	dʒyk tyʃuryy
lossen (het)	жүк түшүрүү	dʒyk tyʃyryy

transport (het)	транспорт	transport
transportbedrijf (de)	транспорттук компания	transporttuk kompanija
transporteren (ww)	транспорт менен ташуу	transport menen taʃuu

goederenwagon (de)	вагон	vagon
tank (bijv. ketelwagen)	цистерна	tsısterna
vrachtwagen (de)	жүк ташуучу машина	dʒyk taʃuutʃu maʃina

machine (de)	станок	stanok
mechanisme (het)	механизм	meχanizm

industrieel afval (het)	таштандылар	taʃtandılar
verpakking (de)	таңгактоо	taŋgaktoo
verpakken (ww)	таңгактоо	taŋgaktoo

73. Contract. Overeenstemming

contract (het)	контракт	kontrakt
overeenkomst (de)	макулдашуу	makuldaʃuu
bijlage (de)	тиркеме	tirkeme

een contract sluiten	контракт түзүү	kontrakt tyzyy
handtekening (de)	кол тамга	kol tamga
ondertekenen (ww)	кол коюу	kol kojʉu
stempel (de)	мөөр	møør
voorwerp (het) van de overeenkomst	келишимдин предмети	keliʃimdin predmeti
clausule (de)	пункт	punkt
partijen (mv.)	тараптар	taraptar
vestigingsadres (het)	юридикалык дарек	jʉridikalık darek
het contract verbreken (overtreden)	контрактты бузуу	kontrakttı buzuu

verplichting (de)	милдеттенме	mildettenme
verantwoordelijkheid (de)	жоопкерчилик	dʒoopkertʃilik
overmacht (de)	форс-мажор	fors-madʒor
geschil (het)	талаш	talaʃ
sancties (mv.)	жаза чаралары	dʒaza tʃaraları

74. Import & Export

import (de)	импорт	import
importeur (de)	импорттоочу	importtootʃu
importeren (ww)	импорттоо	importtoo
import- (abn)	импорт	import

uitvoer (export)	экспорт	eksport
exporteur (de)	экспорттоочу	eksporttootʃu
exporteren (ww)	экспорттоо	eksporttoo
uitvoer- (bijv., ~goederen)	экспорт	eksport

| goederen (mv.) | товар | tovar |
| partij (de) | жүк тобу | dʒyk tobu |

gewicht (het)	салмак	salmak
volume (het)	көлөм	kɵlɵm
kubieke meter (de)	куб метр	kub metr

producent (de)	өндүрүүчү	ɵndyryytʃy
transportbedrijf (de)	транспорттук компания	transporttuk kompanija
container (de)	контейнер	kontejner

grens (de)	чек ара	tʃek ara
douane (de)	бажыкана	badʒıkana
douanerecht (het)	бажы салык	badʒı salık
douanier (de)	бажы кызматкери	badʒı kızmatkeri
smokkelen (het)	контрабанда	kontrabanda
smokkelwaar (de)	контрабанда	kontrabanda

75. Financiën

aandeel (het)	акция	aktsija
obligatie (de)	баалуу кагаздар	baaluu kagazdar
wissel (de)	вексель	vekselʲ

| beurs (de) | биржа | birdʒa |
| aandelenkoers (de) | акциялар курсу | aktsijalar kursu |

| dalen (ww) | арзандоо | arzandoo |
| stijgen (ww) | кымбаттоо | kımbattoo |

deel (het)	үлүш	ylyʃ
meerderheidsbelang (het)	башкаруучу пакет	baʃkaruutʃu paket
investeringen (mv.)	салым	salım
investeren (ww)	салым кылуу	salım kıluu

procent (het)	пайыз	pajız
rente (de)	пайыз менен пайда	pajız menen pajda
winst (de)	пайда	pajda
winstgevend (bn)	майнаптуу	majnaptuu
belasting (de)	салык	salık
valuta (vreemde ~)	валюта	valɯta
nationaal (bn)	улуттук	uluttuk
ruil (de)	алмаштыруу	almaʃtıruu
boekhouder (de)	бухгалтер	buχgalter
boekhouding (de)	бухгалтерия	buχgalterija
bankroet (het)	кудуретсиздик	kuduretsizdik
ondergang (de)	кыйроо	kijroo
faillissement (het)	жакырдануу	dʒakırdanuu
geruïneerd zijn (ww)	жакырдануу	dʒakırdanuu
inflatie (de)	инфляция	inflʲatsija
devaluatie (de)	девальвация	devalʲvatsija
kapitaal (het)	капитал	kapital
inkomen (het)	киреше	kireʃe
omzet (de)	жүгүртүлүш	dʒygyrtylyʃ
middelen (mv.)	такоолдор	takooldor
financiële middelen (mv.)	акча каражаттары	aktʃa karadʒattarı
operationele kosten (mv.)	кошумча чыгашалар	koʃumtʃa tʃıgaʃalar
reduceren (kosten ~)	кыскартуу	kıskartuu

76. Marketing

marketing (de)	базар таануу	bazar taanuu
markt (de)	базар	bazar
marktsegment (het)	базар сегменти	bazar segmenti
product (het)	өнүм	ønym
goederen (mv.)	товар	tovar
merk (het)	соода маркасы	sooda markası
handelsmerk (het)	соода маркасы	sooda markası
beeldmerk (het)	фирмалык белги	firmalık belgi
logo (het)	логотип	logotip
vraag (de)	талап	talap
aanbod (het)	сунуш	sunuʃ
behoefte (de)	керек	kerek
consument (de)	керектөөчү	kerektøøtʃy
analyse (de)	талдоо	taldoo
analyseren (ww)	талдоо	taldoo
positionering (de)	турак табуу	turak tabuu
positioneren (ww)	турак табуу	turak tabuu
prijs (de)	баа	baa
prijspolitiek (de)	баа саясаты	baa sajasatı
prijsvorming (de)	баа чыгаруу	baa tʃıgaruu

77. Reclame

reclame (de)	жарнама	dʒarnama
adverteren (ww)	жарнамалоо	dʒarnamaloo
budget (het)	бюджет	budʒet
advertentie, reclame (de)	жарнама	dʒarnama
TV-reclame (de)	теле жарнама	tele dʒarnama
radioreclame (de)	радио жарнама	radio dʒarnama
buitenreclame (de)	сырткы жарнама	sırtkı dʒarnama
massamedia (de)	масс медия	mass medija
periodiek (de)	мезгилдүү басылма	mezgildyy basılma
imago (het)	имидж	imidʒ
slagzin (de)	лозунг	lozung
motto (het)	ураан	uraan
campagne (de)	кампания	kampanija
reclamecampagne (de)	жарнамалык кампания	dʒarnamalık kampanija
doelpubliek (het)	максаттуу топ	maksattuu top
visitekaartje (het)	таанытма	taanıtma
flyer (de)	баракча	baraktʃa
brochure (de)	китепче	kiteptʃe
folder (de)	кат-кат китепче	kat-kat kiteptʃe
nieuwsbrief (de)	бюллетень	bulletenʲ
gevelreclame (de)	көрнөк	kørnøk
poster (de)	көрнөк	kørnøk
aanplakbord (het)	жарнамалык такта	dʒarnamalık takta

78. Bankieren

bank (de)	банк	bank
bankfiliaal (het)	бөлүм	bølym
bankbediende (de)	кеңешчи	keŋeʃtʃi
manager (de)	башкаруучу	baʃkaruutʃu
bankrekening (de)	эсеп	esep
rekeningnummer (het)	эсеп номери	esep nomeri
lopende rekening (de)	учурдагы эсеп	utʃurdagı esep
spaarrekening (de)	топтолмо эсеп	toptolmo esep
een rekening openen	эсеп ачуу	esep atʃuu
de rekening sluiten	эсеп жабуу	esep dʒabuu
op rekening storten	эсепке акча салуу	esepke aktʃa saluu
opnemen (ww)	эсептен акча чыгаруу	esepten aktʃa tʃıgaruu
storting (de)	аманат	amanat
een storting maken	аманат кылуу	amanat kıluu
overschrijving (de)	акча которуу	aktʃa kotoruu

een overschrijving maken	акча которуу	aktʃa kotoruu
som (de)	сумма	summa
Hoeveel?	Канча?	kantʃa?
handtekening (de)	кол тамга	kol tamga
ondertekenen (ww)	кол коюу	kol kojʉu
kredietkaart (de)	насыя картасы	nasıja kartası
code (de)	код	kod
kredietkaartnummer (het)	насыя картанын номери	nasıja kartanın nomeri
geldautomaat (de)	банкомат	bankomat
cheque (de)	чек	tʃek
een cheque uitschrijven	чек жазып берүү	tʃek dʒazıp beryy
chequeboekje (het)	чек китепчеси	tʃek kiteptʃesi
lening, krediet (de)	насыя	nasıja
een lening aanvragen	насыя үчүн кайрылуу	nasıja ytʃyn kajrıluu
een lening nemen	насыя алуу	nasıja aluu
een lening verlenen	насыя берүү	nasıja beryy
garantie (de)	кепилдик	kepildik

79. Telefoon. Telefoongesprek

telefoon (de)	телефон	telefon
mobieltje (het)	мобилдик	mobildik
antwoordapparaat (het)	автоматтык жооп берүүчү	avtomattık dʒoop beryytʃy
bellen (ww)	чалуу	tʃaluu
belletje (telefoontje)	чакыруу	tʃakıruu
een nummer draaien	номер терүү	nomer teryy
Hallo!	Алло!	allo!
vragen (ww)	суроо	suroo
antwoorden (ww)	жооп берүү	dʒoop beryy
horen (ww)	угуу	uguu
goed (bw)	жакшы	dʒakʃı
slecht (bw)	жаман	dʒaman
storingen (mv.)	ызы-чуу	ızı-tʃuu
hoorn (de)	трубка	trubka
opnemen (ww)	трубканы алуу	trubkanı aluu
ophangen (ww)	трубканы коюу	trubkanı kojʉu
bezet (bn)	бош эмес	boʃ emes
overgaan (ww)	шыңгыроо	ʃıŋgıroo
telefoonboek (het)	телефондук китепче	telefonduk kiteptʃe
lokaal (bn)	жергиликтүү	dʒergiliktyy
lokaal gesprek (het)	жергиликтүү чакыруу	dʒergiliktyy tʃakıruu
interlokaal (bn)	шаар аралык	ʃaar aralık
interlokaal gesprek (het)	шаар аралык чакыруу	ʃaar aralık tʃakıruu
buitenlands (bn)	эл аралык	el aralık
buitenlands gesprek (het)	эл аралык чакыруу	el aralık tʃakıruu

80. Mobiele telefoon

mobieltje (het)	мобилдик	mobildik
scherm (het)	дисплей	displej
toets, knop (de)	баскыч	baskıʧ
simkaart (de)	SIM-карта	sim-karta

batterij (de)	батарея	batareja
leeg zijn (ww)	зарядканын түгөнүүсү	zarʲadkanın tygønyysy
acculader (de)	заряддоочу шайман	zarʲaddooʧu ʃajman

menu (het)	меню	menʉ
instellingen (mv.)	орнотуулар	ornotuular
melodie (beltoon)	обон	obon
selecteren (ww)	тандоо	tandoo

rekenmachine (de)	калькулятор	kalʲkulʲator
voicemail (de)	автоматтык жооп бергич	avtomattık dʒoop bergiʧ
wekker (de)	ойготкуч	ojgotkuʧ
contacten (mv.)	байланыштар	bajlanıʃtar

SMS-bericht (het)	SMS-кабар	esemes-kabar
abonnee (de)	абонент	abonent

81. Schrijfbehoeften

balpen (de)	калем сап	kalem sap
vulpen (de)	калем уч	kalem uʧ

potlood (het)	карандаш	karandaʃ
marker (de)	маркер	marker
viltstift (de)	фломастер	flomaster

notitieboekje (het)	дептерче	deptertʃe
agenda (boekje)	күндөлүк	kyndølyk

liniaal (de/het)	сызгыч	sızgıʧ
rekenmachine (de)	калькулятор	kalʲkulʲator
gom (de)	өчүргүч	øʧyrgyʧ
punaise (de)	кнопка	knopka
paperclip (de)	кыскыч	kıskıʧ

lijm (de)	желим	dʒelim
nietmachine (de)	степлер	stepler
perforator (de)	тешкич	teʃkiʧ
potloodslijper (de)	учтагыч	uʧtagıʧ

82. Soorten bedrijven

boekhouddiensten (mv.)	бухгалтердик кызмат	buχgalterdik kızmat
reclame (de)	жарнама	dʒarnama

reclamebureau (het)	жарнама агенттиги	dʒarnama agenttigi
airconditioning (de)	аба желдеткичтер	aba dʒeldetkitʃter
luchtvaartmaatschappij (de)	авиакомпания	aviakompanija

alcoholische dranken (mv.)	алкоголь ичимдиктери	alkogolʲ itʃimdikteri
antiek (het)	антиквариат	antikvariat
kunstgalerie (de)	арт-галерея	art-galereja
audit diensten (mv.)	аудиторлук кызмат	auditorluk kızmat

banken (mv.)	банк бизнеси	bank biznesi
bar (de)	бар	bar
schoonheidssalon (de/het)	сулуулук салону	suluuluk salonu
boekhandel (de)	китеп дүкөнү	kitep dykøny
bierbrouwerij (de)	сыра чыгаруучу жай	sıra tʃıgaruutʃu dʒaj
zakencentrum (het)	бизнес-борбор	biznes-borbor
business school (de)	бизнес-мектеп	biznes-mektep

casino (het)	казино	kazino
bouwbedrijven (mv.)	курулуш	kuruluʃ
adviesbureau (het)	консалтинг	konsalting

tandheelkunde (de)	стоматология	stomatologija
design (het)	дизайн	dizajn
apotheek (de)	дарыкана	darıkana
stomerij (de)	химиялык тазалоо	χimijalık tazaloo
uitzendbureau (het)	кадрдык агенттиги	kadrdık agenttigi

financiële diensten (mv.)	каржылык кызматтар	kardʒılık kızmattar
voedingswaren (mv.)	азык-түлүк	azık-tylyk
uitvaartcentrum (het)	ырасым бюросу	ırasım bɤrosu
meubilair (het)	эмерек	emerek
kleding (de)	кийим	kijim
hotel (het)	мейманкана	mejmankana

ijsje (het)	бал муздак	bal muzdak
industrie (de)	өнөр-жай	ønør-dʒaj
verzekering (de)	камсыздандыруу	kamsızdandıruu
Internet (het)	интернет	internet
investeringen (mv.)	салымдар	salımdar

juwelier (de)	зергер	zerger
juwelen (mv.)	зер буюмдар	zer bujɤmdar
wasserette (de)	кир жуу ишканасы	kir dʒuu iʃkanası
juridische diensten (mv.)	юридикалык кызматтар	jɤridikalık kızmattar
lichte industrie (de)	жеңил өнөр-жай	dʒeŋil ønør-dʒaj

tijdschrift (het)	журнал	dʒurnal
postorderbedrijven (mv.)	каталог боюнча	katalog bojɤntʃa
	соода-сатык	sooda-satık
medicijnen (mv.)	медицина	meditsina
bioscoop (de)	кинотеатр	kinoteatr
museum (het)	музей	muzej

persbureau (het)	жаңылыктар агенттиги	dʒaŋılıktar agenttigi
krant (de)	гезит	gezit
nachtclub (de)	түнкү клуб	tyŋky klub

olie (aardolie)	мунайзат	munajzat
koerierdienst (de)	чабармандык кызматы	ʧabarmandık kızmatı
farmacie (de)	фармацевтика	farmatsevtika
drukkerij (de)	полиграфия	poligrafija
uitgeverij (de)	басмакана	basmakana
radio (de)	уналгы	ynalgı
vastgoed (het)	кыймылсыз мүлк	kıjmılsız mylk
restaurant (het)	ресторан	restoran
bewakingsfirma (de)	күзөт агенттиги	kyzøt agenttigi
sport (de)	спорт	sport
handelsbeurs (de)	биржа	birʤa
winkel (de)	дүкөн	dykøn
supermarkt (de)	супермаркет	supermarket
zwembad (het)	бассейн	bassejn
naaiatelier (het)	ателье	atelje
televisie (de)	телекөрсөтүү	telekørsøtyy
theater (het)	театр	teatr
handel (de)	соода	sooda
transport (het)	ташып жеткирүү	taʃıp ʤetkiryy
toerisme (het)	туризм	turizm
dierenarts (de)	мал доктуру	mal dokturu
magazijn (het)	кампа	kampa
afvalinzameling (de)	таштанды чыгаруу	taʃtandı ʧıgaruu

Baan. Business. Deel 2

83. Show. Tentoonstelling

beurs (de)	көргөзмө	kørgøzmø
vakbeurs, handelsbeurs (de)	соода көргөзмөсү	sooda kørgøzmøsy
deelneming (de)	катышуу	katıʃuu
deelnemen (ww)	катышуу	katıʃuu
deelnemer (de)	катышуучу	katıʃuutʃu
directeur (de)	директор	direktor
organisatiecomité (het)	уюштуруу комитети	ujuʃturuu komiteti
organisator (de)	уюштуруучу	ujuʃturuutʃu
organiseren (ww)	уюштуруу	ujuʃturuu
deelnemingsaanvraag (de)	катышууга ынта билдирмеси	katıʃuuga ınta bildirmesi
invullen (een formulier ~)	толтуруу	tolturuu
details (mv.)	ийне-жиби	ijne-dʒibi
informatie (de)	маалымат	maalımat
prijs (de)	баа	baa
inclusief (bijv. ~ BTW)	кошуп	koʃup
inbegrepen (alles ~)	кошулган	koʃulgan
betalen (ww)	төлөө	tøløø
registratietarief (het)	каттоо төгүмү	kattoo tøgymy
ingang (de)	кирүү	kiryy
paviljoen (het), hal (de)	павильон	pavilʲon
registreren (ww)	каттоо	kattoo
badge, kaart (de)	төшбелги	tøʃbelgi
beursstand (de)	көргөзмө стенди	kørgøzmø stendi
reserveren (een stand ~)	камдык буйрутмалоо	kamdık bujrutmaloo
vitrine (de)	айнек стенд	ajnek stend
licht (het)	чырак	tʃırak
design (het)	дизайн	dizajn
plaatsen (ww)	жайгаштыруу	dʒajgaʃtıruu
geplaatst zijn (ww)	жайгашуу	dʒajgaʃuu
distributeur (de)	дистрибьютор	distribjutor
leverancier (de)	жеткирип берүүчү	dʒetkirip beryytʃy
leveren (ww)	жеткирип берүү	dʒetkirip beryy
land (het)	өлкө	ølkø
buitenlands (bn)	чет өлкөлүк	tʃet ølkølyk
product (het)	өнүм	ønym
associatie (de)	ассоциация	assotsiatsija

conferentiezaal (de)	конференц-зал	konferents-zal
congres (het)	конгресс	kongress
wedstrijd (de)	жарыш	dʒarıʃ

bezoeker (de)	келүүчү	kelyytʃy
bezoeken (ww)	баш багуу	baʃ baguu
afnemer (de)	кардар	kardar

84. Wetenschap. Onderzoek. Wetenschappers

wetenschap (de)	илим	ilim
wetenschappelijk (bn)	илимий	ilimij
wetenschapper (de)	илимпоз	ilimpoz
theorie (de)	теория	teorija

axioma (het)	аксиома	aksioma
analyse (de)	талдоо	taldoo
analyseren (ww)	талдоо	taldoo
argument (het)	далил	dalil
substantie (de)	зат	zat

hypothese (de)	гипотеза	gipoteza
dilemma (het)	дилемма	dilemma
dissertatie (de)	диссертация	dissertatsija
dogma (het)	догма	dogma

doctrine (de)	доктрина	doktrina
onderzoek (het)	изилдөө	izildøø
onderzoeken (ww)	изилдөө	izildøø
toetsing (de)	сынак	sınak
laboratorium (het)	лаборатория	laboratorija

methode (de)	ыкма	ıkma
molecule (de/het)	молекула	molekula
monitoring (de)	бейлөө	bejløø
ontdekking (de)	таап ачуу	taap atʃuu

postulaat (het)	постулат	postulat
principe (het)	усул	usul
voorspelling (de)	божомол	bodʒomol
een prognose maken	алдын ала айтуу	aldın ala ajtuu

synthese (de)	синтез	sintez
tendentie (de)	умтулуу	umtuluu
theorema (het)	теорема	teorema

leerstellingen (mv.)	окуу	okuu
feit (het)	далил	dalil
expeditie (de)	экспедиция	ekspeditsija
experiment (het)	тажрыйба	tadʒrıjba

academicus (de)	академик	akademik
bachelor (bijv. BA, LLB)	бакалавр	bakalavr
doctor (de)	доктор	doktor

universitair docent (de)	**доцент**	dotsent
master, magister (de)	**магистр**	magistr
professor (de)	**профессор**	professor

Beroepen en ambachten

85. Zoeken naar werk. Ontslag

baan (de)	иш	iʃ
werknemers (mv.)	жамаат	ʤamaat
personeel (het)	жамаат курамы	ʤamaat kuramı
carrière (de)	мансап	mansap
vooruitzichten (mv.)	перспектива	perspektiva
meesterschap (het)	чеберчилик	ʧeberʧilik
keuze (de)	тандоо	tandoo
uitzendbureau (het)	кадрдык агенттиги	kadrdık agenttigi
CV, curriculum vitae (het)	таржымал	tarʤımal
sollicitatiegesprek (het)	аңгемелешүү	aŋgemeleʃyy
vacature (de)	жумуш орун	ʤumuʃ orun
salaris (het)	эмгек акы	emgek akı
vaste salaris (het)	маяна	majana
loon (het)	акысын төлөө	akısın tøløø
betrekking (de)	кызмат орун	kızmat orun
taak, plicht (de)	милдет	mildet
takenpakket (het)	милдеттенмелер	mildettenmeler
bezig (~ zijn)	бош эмес	boʃ emes
ontslagen (ww)	бошотуу	boʃotuu
ontslag (het)	бошотуу	boʃotuu
werkloosheid (de)	жумушсуздук	ʤumuʃsuzduk
werkloze (de)	жумушсуз	ʤumuʃsuz
pensioen (het)	бааракы	baarakı
met pensioen gaan	ардактуу эс алууга чыгуу	ardaktuu es aluuga ʧıguu

86. Zakenmensen

directeur (de)	директор	direktor
beheerder (de)	башкаруучу	baʃkaruuʧu
hoofd (het)	башкаруучу	baʃkaruuʧu
baas (de)	башчы	baʃʧı
superieuren (mv.)	башчылар	baʃʧılar
president (de)	президент	prezident
voorzitter (de)	төрага	tøraga
adjunct (de)	орун басар	orun basar
assistent (de)	жардамчы	ʤardamʧı

secretaris (de)	катчы	kattʃı
persoonlijke assistent (de)	жеке катчы	ʤeke kattʃı

zakenman (de)	бизнесмен	biznesmen
ondernemer (de)	ишкер	iʃker
oprichter (de)	негиздөөчү	negizdøøtʃy
oprichten	негиздөө	negizdøø
(een nieuw bedrijf ~)		

stichter (de)	уюмдаштыруучу	ujʉmdaʃtıruutʃu
partner (de)	өнөктөш	ønøktøʃ
aandeelhouder (de)	акция кармоочу	aktsija karmootʃu

miljonair (de)	миллионер	millioner
miljardair (de)	миллиардер	milliarder
eigenaar (de)	ээси	eesi
landeigenaar (de)	жер ээси	ʤer eesi

klant (de)	кардар	kardar
vaste klant (de)	туруктуу кардар	turuktuu kardar
koper (de)	сатып алуучу	satıp aluutʃu
bezoeker (de)	келүүчү	kelyytʃy
professioneel (de)	кесипкөй	kesipkøj
expert (de)	ишбилги	iʃbilgi
specialist (de)	адис	adis

bankier (de)	банкир	bankir
makelaar (de)	далдалчы	daldaltʃı

kassier (de)	кассир	kassir
boekhouder (de)	бухгалтер	buxgalter
bewaker (de)	кароолчу	karooltʃu

investeerder (de)	салым кошуучу	salım koʃuutʃu
schuldenaar (de)	карыздар	karızdar
crediteur (de)	насыя алуучу	nasıja aluutʃu
lener (de)	карызга алуучу	karızga aluutʃu

importeur (de)	импорттоочу	importtootʃu
exporteur (de)	экспорттоочу	eksporttootʃu

producent (de)	өндүрүүчү	øndyryytʃy
distributeur (de)	дистрибьютор	distribjʉtor
bemiddelaar (de)	ортомчу	ortomtʃu

adviseur, consulent (de)	кеңешчи	keŋeʃtʃi
vertegenwoordiger (de)	сатуу агенти	satuu agenti
agent (de)	агент	agent
verzekeringsagent (de)	камсыздандыруучу агент	kamsızdandıruutʃu agent

87. Dienstverlenende beroepen

kok (de)	ашпозчу	aʃpoztʃu
chef-kok (de)	башкы ашпозчу	baʃkı aʃpoztʃu

bakker (de)	навайчы	navajtʃı
barman (de)	бармен	barmen
kelner, ober (de)	официант	ofitsiant
serveerster (de)	официант кыз	ofitsiant kız
advocaat (de)	жактоочу	dʒaktootʃu
jurist (de)	юрист	jurist
notaris (de)	нотариус	notarius
elektricien (de)	электрик	elektrik
loodgieter (de)	сантехник	santeχnik
timmerman (de)	жыгач уста	dʒıgatʃ usta
masseur (de)	укалоочу	ukalootʃu
masseuse (de)	укалоочу	ukalootʃu
dokter, arts (de)	доктур	doktur
taxichauffeur (de)	такси айдоочу	taksi ajdootʃu
chauffeur (de)	айдоочу	ajdootʃu
koerier (de)	жеткирүүчү	dʒetkiryytʃy
kamermeisje (het)	үй кызматкери	yj kızmatkeri
bewaker (de)	кароолчу	karooltʃu
stewardess (de)	стюардесса	stuardessa
meester (de)	мугалим	mugalim
bibliothecaris (de)	китепканачы	kitepkanatʃı
vertaler (de)	котормочу	kotormotʃu
tolk (de)	оозеки котормочу	oozeki kotormotʃu
gids (de)	гид	gid
kapper (de)	чач тарач	tʃatʃ taratʃ
postbode (de)	кат ташуучу	kat taʃuutʃu
verkoper (de)	сатуучу	satuutʃu
tuinman (de)	багбанчы	bagbantʃı
huisbediende (de)	үй кызматчы	yj kızmattʃı
dienstmeisje (het)	үй кызматчы аял	yj kızmattʃı ajal
schoonmaakster (de)	тазалагыч	tazalagıtʃ

88. Militaire beroepen en rangen

soldaat (rang)	катардагы жоокер	katardagı dʒooker
sergeant (de)	сержант	serdʒant
luitenant (de)	лейтенант	lejtenant
kapitein (de)	капитан	kapitan
majoor (de)	майор	major
kolonel (de)	полковник	polkovnik
generaal (de)	генерал	general
maarschalk (de)	маршал	marʃal
admiraal (de)	адмирал	admiral
militair (de)	аскер кызматчысы	asker kızmattʃısı
soldaat (de)	аскер	asker

| officier (de) | офицер | ofitser |
| commandant (de) | командир | komandir |

grenswachter (de)	чек арачы	tʃek aratʃı
marconist (de)	радист	radist
verkenner (de)	чалгынчы	tʃalgıntʃı
sappeur (de)	сапёр	sapʲor
schutter (de)	аткыч	atkıtʃ
stuurman (de)	штурман	ʃturman

89. Ambtenaren. Priesters

| koning (de) | король, падыша | korolʲ, padıʃa |
| koningin (de) | ханыша | χanıʃa |

| prins (de) | канзаада | kanzaada |
| prinses (de) | ханбийке | χanbijke |

| tsaar (de) | падыша | padıʃa |
| tsarina (de) | ханыша | χanıʃa |

president (de)	президент	prezident
minister (de)	министр	ministr
eerste minister (de)	премьер-министр	premjer-ministr
senator (de)	сенатор	senator

diplomaat (de)	дипломат	diplomat
consul (de)	консул	konsul
ambassadeur (de)	элчи	eltʃi
adviseur (de)	кеңешчи	keŋeʃtʃi

ambtenaar (de)	аткаминер	atkaminer
prefect (de)	префект	prefekt
burgemeester (de)	мэр	mer

| rechter (de) | сот | sot |
| aanklager (de) | прокурор | prokuror |

missionaris (de)	миссионер	missioner
monnik (de)	кечил	ketʃil
abt (de)	аббат	abbat
rabbi, rabbijn (de)	раввин	ravvin

vizier (de)	визирь	vizirʲ
sjah (de)	шах	ʃaχ
sjeik (de)	шейх	ʃejχ

90. Agrarische beroepen

imker (de)	балчы	baltʃı
herder (de)	чабан	tʃaban
landbouwkundige (de)	агроном	agronom

| veehouder (de) | малчы | maltʃı |
| dierenarts (de) | мал доктуру | mal dokturu |

landbouwer (de)	фермер	fermer
wijnmaker (de)	вино жасоочу	vino dʒasootʃu
zoöloog (de)	зоолог	zoolog
cowboy (de)	ковбой	kovboj

91. Kunst beroepen

| acteur (de) | актёр | aktʲor |
| actrice (de) | актриса | aktrisa |

| zanger (de) | ырчы | ırtʃı |
| zangeres (de) | ырчы кыз | ırtʃı kız |

| danser (de) | бийчи жигит | bijtʃi dʒigit |
| danseres (de) | бийчи кыз | bijtʃi kız |

| artiest (mann.) | аткаруучу | atkaruutʃu |
| artiest (vrouw.) | аткаруучу | atkaruutʃu |

muzikant (de)	музыкант	muzıkant
pianist (de)	пианист	pianist
gitarist (de)	гитарист	gitarist

orkestdirigent (de)	дирижёр	diridʒʲor
componist (de)	композитор	kompozitor
impresario (de)	импресарио	impresario

filmregisseur (de)	режиссёр	redʒissʲor
filmproducent (de)	продюсер	produser
scenarioschrijver (de)	сценарист	stsenarist
criticus (de)	сынчы	sıntʃı

schrijver (de)	жазуучу	dʒazuutʃu
dichter (de)	акын	akın
beeldhouwer (de)	бедизчи	bediztʃi
kunstenaar (de)	сүрөтчү	syrøttʃy

jongleur (de)	жонглёр	dʒonglʲor
clown (de)	маскарапоз	maskarapoz
acrobaat (de)	акробат	akrobat
goochelaar (de)	көз боечу	køz boetʃu

92. Verschillende beroepen

dokter, arts (de)	доктур	doktur
ziekenzuster (de)	медсестра	medsestra
psychiater (de)	психиатр	psiҳiatr
tandarts (de)	тиш доктур	tiʃ doktur
chirurg (de)	хирург	ҳirurg

astronaut (de)	астронавт	astronavt
astronoom (de)	астроном	astronom
piloot (de)	учкуч	uʧkuʧ

chauffeur (de)	айдоочу	ajdooʧu
machinist (de)	машинист	maʃinist
mecanicien (de)	механик	meχanik

mijnwerker (de)	кенчи	kenʧi
arbeider (de)	жумушчу	dʒumuʃʧu
bankwerker (de)	слесарь	slesarʲ
houtbewerker (de)	жыгач уста	dʒıgaʧ usta
draaier (de)	токарь	tokarʲ
bouwvakker (de)	куруучу	kuruuʧu
lasser (de)	ширеткич	ʃiretkiʧ

professor (de)	профессор	professor
architect (de)	архитектор	arχitektor
historicus (de)	тарыхчы	tarıχʧı
wetenschapper (de)	илимпоз	ilimpoz
fysicus (de)	физик	fizik
scheikundige (de)	химик	χimik

archeoloog (de)	археолог	arχeolog
geoloog (de)	геолог	geolog
onderzoeker (de)	изилдөөчү	izildøøʧy

babysitter (de)	бала баккыч	bala bakkıʧ
leraar, pedagoog (de)	мугалим	mugalim

redacteur (de)	редактор	redaktor
chef-redacteur (de)	башкы редактор	baʃkı redaktor
correspondent (de)	кабарчы	kabarʧı
typiste (de)	машинистка	maʃinistka

designer (de)	дизайнер	dizajner
computerexpert (de)	компьютер адиси	kompjuter adisi
programmeur (de)	программист	programmist
ingenieur (de)	инженер	indʒener

matroos (de)	деңизчи	deŋizʧi
zeeman (de)	матрос	matros
redder (de)	куткаруучу	kutkaruuʧu

brandweerman (de)	өрт өчүргүч	ørt øʧyrgyʧ
politieagent (de)	полиция кызматкери	politsija kızmatkeri
nachtwaker (de)	кароолчу	karoolʧu
detective (de)	аңдуучу	aŋduuʧu

douanier (de)	бажы кызматкери	badʒı kızmatkeri
lijfwacht (de)	жан сакчы	dʒan sakʧı
gevangenisbewaker (de)	күзөтчү	kyzøtʧy
inspecteur (de)	инспектор	inspektor

sportman (de)	спортчу	sportʧu
trainer (de)	машыктыруучу	maʃıktıruuʧu

slager, beenhouwer (de)	касапчы	kasapʧı
schoenlapper (de)	өтүкчү	øtykʧy
handelaar (de)	жеке соодагер	ʤeke soodager
lader (de)	жүк ташуучу	ʤyk taʃuuʧu

| kledingstilist (de) | модельер | modeljer |
| model (het) | модель | modelʲ |

93. Beroepen. Sociale status

| scholier (de) | окуучу | okuuʧu |
| student (de) | студент | student |

filosoof (de)	философ	filosof
econoom (de)	экономист	ekonomist
uitvinder (de)	ойлоп табуучу	ojlop tabuuʧu

werkloze (de)	жумушсуз	ʤumuʃsuz
gepensioneerde (de)	бааргер	baarger
spion (de)	тыңчы	tıŋʧı

gedetineerde (de)	камактагы адам	kamaktagı adam
staker (de)	иш калтыргыч	iʃ kaltırgıʧ
bureaucraat (de)	бюрократ	burokrat
reiziger (de)	саякатчы	sajakatʧı

homoseksueel (de)	гомосексуалист	gomoseksualist
hacker (computerkraker)	хакер	χaker
hippie (de)	хиппи	χippi

bandiet (de)	ууру-кески	uuru-keski
huurmoordenaar (de)	жалданма киши өлтүргүч	ʤaldanma kiʃi øltyrgyʧ
drugsverslaafde (de)	баңги	baŋgi
drugshandelaar (de)	баңгизат сатуучу	baŋgizat satuuʧu
prostituee (de)	сойку	sojku
pooier (de)	жан бакты	ʤan baktı

tovenaar (de)	жадыгөй	ʤadıgøj
tovenares (de)	жадыгөй	ʤadıgøj
piraat (de)	деңиз каракчысы	deŋiz karakʧısı
slaaf (de)	кул	kul
samoerai (de)	самурай	samuraj
wilde (de)	жапайы	ʤapajı

Onderwijs

94. School

school (de)	мектеп	mektep
schooldirecteur (de)	мектеп директору	mektep direktoru
leerling (de)	окуучу бала	okuutʃu bala
leerlinge (de)	окуучу кыз	okuutʃu kız
scholier (de)	окуучу	okuutʃu
scholiere (de)	окуучу кыз	okuutʃu kız
leren (lesgeven)	окутуу	okutuu
studeren (bijv. een taal ~)	окуу	okuu
van buiten leren	жаттоо	dʒattoo
leren (bijv. ~ tellen)	үйрөнүү	yjrønyy
in school zijn (schooljongen zijn)	мектепке баруу	mektepke baruu
naar school gaan	окууга баруу	okuuga baruu
alfabet (het)	алфавит	alfavit
vak (schoolvak)	сабак	sabak
klaslokaal (het)	класс	klass
les (de)	сабак	sabak
pauze (de)	танапис	tanapis
bel (de)	коңгуроо	koŋguroo
schooltafel (de)	парта	parta
schoolbord (het)	такта	takta
cijfer (het)	баа	baa
goed cijfer (het)	жакшы баа	dʒakʃı baa
slecht cijfer (het)	жаман баа	dʒaman baa
een cijfer geven	баа коюу	baa kojʉu
fout (de)	ката	kata
fouten maken	ката кетирүү	kata ketiryy
corrigeren (fouten ~)	түзөтүү	tyzøtyy
spiekbriefje (het)	шпаргалка	ʃpargalka
huiswerk (het)	үй иши	yj iʃi
oefening (de)	көнүгүү	kønygyy
aanwezig zijn (ww)	катышуу	katıʃuu
absent zijn (ww)	келбей калуу	kelbej kaluu
school verzuimen	сабактарды калтыруу	sabaktardı kaltıruu
bestraffen (een stout kind ~)	жазалоо	dʒazaloo
bestraffing (de)	жаза	dʒaza

gedrag (het)	жүрүм-турум	dʒyrym-turum
cijferlijst (de)	күндөлүк	kyndølyk
potlood (het)	карандаш	karandaʃ
gom (de)	өчүргүч	øtʃyrgytʃ
krijt (het)	бор	bor
pennendoos (de)	калем салгыч	kalem salgɯtʃ
boekentas (de)	портфель	portfelʲ
pen (de)	калем сап	kalem sap
schrift (de)	дептер	depter
leerboek (het)	китеп	kitep
passer (de)	циркуль	tsɯrkulʲ
technisch tekenen (ww)	чийүү	tʃijyy
technische tekening (de)	чийме	tʃijme
gedicht (het)	ыр сап	ɯr sap
van buiten (bw)	жатка	dʒatka
van buiten leren	жаттоо	dʒattoo
vakantie (de)	эс алуу	es aluu
met vakantie zijn	эс алууда болуу	es aluuda boluu
vakantie doorbrengen	эс алууну өткөзүү	es aluunu øtkøzyy
toets (schriftelijke ~)	текшерүү иш	tekʃeryy iʃ
opstel (het)	дил баян	dil bajan
dictee (het)	жат жаздыруу	dʒat dʒazdɯruu
examen (het)	экзамен	ekzamen
examen afleggen	экзамен тапшыруу	ekzamen tapʃɯruu
experiment (het)	тажрыйба	tadʒrɯjba

95. Hogeschool. Universiteit

academie (de)	академия	akademija
universiteit (de)	университет	universitet
faculteit (de)	факультет	fakulʲtet
student (de)	студент бала	student bala
studente (de)	студент кыз	student kɯz
leraar (de)	мугалим	mugalim
collegezaal (de)	дарскана	darskana
afgestudeerde (de)	окуу жайды бүтүрүүчү	okuu dʒajdɯ bytyryytʃy
diploma (het)	диплом	diplom
dissertatie (de)	диссертация	dissertatsija
onderzoek (het)	изилдөө	izildøø
laboratorium (het)	лаборатория	laboratorija
college (het)	лекция	lektsija
medestudent (de)	курсташ	kurstaʃ
studiebeurs (de)	стипендия	stipendija
academische graad (de)	илимий даража	ilimij daradʒa

96. Wetenschappen. Disciplines

wiskunde (de)	математика	matematika
algebra (de)	алгебра	algebra
meetkunde (de)	геометрия	geometrija
astronomie (de)	астрономия	astronomija
biologie (de)	биология	biologija
geografie (de)	география	geografija
geologie (de)	геология	geologija
geschiedenis (de)	тарых	tarıχ
geneeskunde (de)	медицина	meditsina
pedagogiek (de)	педагогика	pedagogika
rechten (mv.)	укук	ukuk
fysica, natuurkunde (de)	физика	fizika
scheikunde (de)	химия	χimija
filosofie (de)	философия	filosofija
psychologie (de)	психология	psiχologija

97. Schrift. Spelling

grammatica (de)	грамматика	grammatika
vocabulaire (het)	лексика	leksika
fonetiek (de)	фонетика	fonetika
zelfstandig naamwoord (het)	зат атооч	zat atootʃ
bijvoeglijk naamwoord (het)	сын атооч	sın atootʃ
werkwoord (het)	этиш	etiʃ
bijwoord (het)	тактооч	taktootʃ
voornaamwoord (het)	ат атооч	at atootʃ
tussenwerpsel (het)	сырдык сөз	sırdık søz
voorzetsel (het)	препозиция	prepozitsija
stam (de)	сөздүн уңгусу	søzdyn uŋgusu
achtervoegsel (het)	жалгоо	dʒalgoo
voorvoegsel (het)	префикс	prefiks
lettergreep (de)	муун	muun
achtervoegsel (het)	суффикс	suffiks
nadruk (de)	басым	basım
afkappingsteken (het)	апостроф	apostrof
punt (de)	чекит	tʃekit
komma (de/het)	үтүр	ytyr
puntkomma (de)	чекитүү үтүр	tʃekityy ytyr
dubbelpunt (de)	кош чекит	koʃ tʃekit
beletselteken (het)	көп чекит	køp tʃekit
vraagteken (het)	суроо белгиси	suroo belgisi
uitroepteken (het)	илеп белгиси	ilep belgisi

aanhalingstekens (mv.)	тырмакча	tɪrmaktʃa
tussen aanhalingstekens (bw)	тырмакчага алынган	tɪrmaktʃaga alɪngan
haakjes (mv.)	кашаа	kaʃaa
tussen haakjes (bw)	кашаага алынган	kaʃaaga alɪngan

streepje (het)	дефис	defis
gedachtestreepje (het)	тире	tire
spatie	аралык	aralık
(~ tussen twee woorden)		

| letter (de) | тамга | tamga |
| hoofdletter (de) | баш тамга | baʃ tamga |

| klinker (de) | үндүү тыбыш | yndyy tɪbɪʃ |
| medeklinker (de) | үнсүз тыбыш | ynsyz tɪbɪʃ |

zin (de)	сүйлөм	syjløm
onderwerp (het)	сүйлөмдүн ээси	syjlømdyn eesi
gezegde (het)	баяндооч	bajandootʃ

regel (in een tekst)	сап	sap
op een nieuwe regel (bw)	жаңы сап	dʒaŋɪ sap
alinea (de)	абзац	abzats

woord (het)	сөз	søz
woordgroep (de)	сөз айкашы	søz ajkaʃɪ
uitdrukking (de)	туюнтма	tujʉntma
synoniem (het)	синоним	sinonim
antoniem (het)	антоним	antonim

regel (de)	эреже	eredʒe
uitzondering (de)	чектен чыгаруу	tʃekten tʃɪgaruu
correct (bijv. ~e spelling)	туура	tuura

vervoeging, conjugatie (de)	жактоо	dʒaktoo
verbuiging, declinatie (de)	жөндөлүш	dʒøndølyʃ
naamval (de)	жөндөмө	dʒøndømø
vraag (de)	суроо	suroo
onderstrepen (ww)	баса белгилөө	basa belgiløø
stippellijn (de)	пунктир	punktir

98. Vreemde talen

taal (de)	тил	til
vreemd (bn)	чет	tʃet
vreemde taal (de)	чет тил	tʃet til
leren (bijv. van buiten ~)	окуу	okuu
studeren (Nederlands ~)	үйрөнүү	yjrønyy

lezen (ww)	окуу	okuu
spreken (ww)	сүйлөө	syjløø
begrijpen (ww)	түшүнүү	tyʃynyy
schrijven (ww)	жазуу	dʒazuu
snel (bw)	тез	tez

langzaam (bw)	жай	dʒaj
vloeiend (bw)	эркин	erkin
regels (mv.)	эрежелер	eredʒeler
grammatica (de)	грамматика	grammatika
vocabulaire (het)	лексика	leksika
fonetiek (de)	фонетика	fonetika
leerboek (het)	китеп	kitep
woordenboek (het)	сөздүк	søzdyk
leerboek (het) voor zelfstudie	өзү үйрөткүч	øzy yjrøtkytʃ
taalgids (de)	тилачар	tilatʃar
cassette (de)	кассета	kasseta
videocassette (de)	видеокассета	videokasseta
CD (de)	CD, компакт-диск	sidi, kompakt-disk
DVD (de)	DVD-диск	dividi-disk
alfabet (het)	алфавит	alfavit
spellen (ww)	эжелеп айтуу	edʒelep ajtuu
uitspraak (de)	айтылышы	ajtılıʃı
accent (het)	акцент	aktsent
met een accent (bw)	акцент менен	aktsent menen
zonder accent (bw)	акцентсиз	aktsentsiz
woord (het)	сөз	søz
betekenis (de)	маани	maani
cursus (de)	курстар	kurstar
zich inschrijven (ww)	курска жазылуу	kurska dʒazıluu
leraar (de)	окутуучу	okutuutʃu
vertaling (een ~ maken)	которуу	kotoruu
vertaling (tekst)	котормо	kotormo
vertaler (de)	котормочу	kotormotʃu
tolk (de)	оозеки котормочу	oozeki kotormotʃu
polyglot (de)	полиглот	poliglot
geheugen (het)	эс тутум	es tutum

Rusten. Entertainment. Reizen

99. Trip. Reizen

toerisme (het)	туризм	turizm
toerist (de)	турист	turist
reis (de)	саякат	sajakat
avontuur (het)	укмуштуу окуя	ukmuʃtuu okuja
tocht (de)	сапар	sapar
vakantie (de)	дем алыш	dem alıʃ
met vakantie zijn	дем алышка чыгуу	dem alıʃka ʧıguu
rust (de)	эс алуу	es aluu
trein (de)	поезд	poezd
met de trein	поезд менен	poezd menen
vliegtuig (het)	учак	uʧak
met het vliegtuig	учакта	uʧakta
met de auto	автомобилде	avtomobilde
per schip (bw)	кемеде	kemede
bagage (de)	жүк	dʒyk
valies (de)	чемодан	ʧemodan
bagagekarretje (het)	араба	araba
paspoort (het)	паспорт	pasport
visum (het)	виза	viza
kaartje (het)	билет	bilet
vliegticket (het)	авиабилет	aviabilet
reisgids (de)	жол көрсөткүч	dʒol kørsøtkyʧ
kaart (de)	карта	karta
gebied (landelijk ~)	жай	dʒaj
plaats (de)	жер	dʒer
exotische bestemming (de)	экзотика	ekzotika
exotisch (bn)	экзотикалуу	ekzotikaluu
verwonderlijk (bn)	ажайып	adʒajıp
groep (de)	топ	top
rondleiding (de)	экскурсия	ekskursija
gids (de)	экскурсия жетекчиси	ekskursija dʒetekʧisi

100. Hotel

motel (het)	мотель	motelʲ
3-sterren	үч жылдыздуу	yʧ dʒıldızduu
5-sterren	беш жылдыздуу	beʃ dʒıldızduu

overnachten (ww)	токтоо	toktoo
kamer (de)	номер	nomer
eenpersoonskamer (de)	бир орундуу	bir orunduu
tweepersoonskamer (de)	эки орундуу	eki orunduu
een kamer reserveren	номерди камдык	nomerdi kamdık
	буйрутмалоо	bujrutmaloo

halfpension (het)	жарым пансион	dʒarım pansion
volpension (het)	толук пансион	toluk pansion

met badkamer	ваннасы менен	vannası menen
met douche	душ менен	duʃ menen
satelliet-tv (de)	спутник	sputnik
airconditioner (de)	аба желдеткич	aba dʒeldetkiʧ
handdoek (de)	сүлгү	sylgy
sleutel (de)	ачкыч	aʧkıʧ

administrateur (de)	администратор	administrator
kamermeisje (het)	үй кызматкери	yj kızmatkeri
piccolo (de)	жүк ташуучу	dʒyk taʃuuʧu
portier (de)	эшик ачуучу	eʃik aʧuuʧu

restaurant (het)	ресторан	restoran
bar (de)	бар	bar
ontbijt (het)	таңкы тамак	taŋkı tamak
avondeten (het)	кечки тамак	keʧki tamak
buffet (het)	шведче стол	ʃvedʧe stol

hal (de)	вестибюль	vestibulʲ
lift (de)	лифт	lift

NIET STOREN	ТЫНЧЫБЫЗДЫ	tınʧıbızdı
	АЛБАГЫЛА!	albagıla!
VERBODEN TE ROKEN!	ТАМЕКИ ЧЕГҮҮГӨ	tameki ʧegyygø
	БОЛБОЙТ!	bolbojt!

TECHNISCHE APPARATUUR. VERVOER

Technische apparatuur

101. Computer

computer (de)	компьютер	kompjüter
laptop (de)	ноутбук	noutbuk
aanzetten (ww)	күйгүзүү	kyjgyzyy
uitzetten (ww)	өчүрүү	øtʃyryy
toetsenbord (het)	ариптакта	ariptakta
toets (enter~)	баскыч	baskıtʃ
muis (de)	чычкан	tʃItʃkan
muismat (de)	килемче	kilemtʃe
knopje (het)	баскыч	baskıtʃ
cursor (de)	курсор	kursor
monitor (de)	монитор	monitor
scherm (het)	экран	ekran
harde schijf (de)	катуу диск	katuu disk
volume (het) van de harde schijf	катуу дисктин көлөмү	katuu disktin kølømy
geheugen (het)	эс тутум	es tutum
RAM-geheugen (het)	оперативдик эс тутум	operativdik es tutum
bestand (het)	файл	fajl
folder (de)	папка	papka
openen (ww)	ачуу	atʃuu
sluiten (ww)	жабуу	dʒabuu
opslaan (ww)	сактоо	saktoo
verwijderen (wissen)	жок кылуу	dʒok kıluu
kopiëren (ww)	көчүрүү	køtʃyryy
sorteren (ww)	иреттөө	irettøø
overplaatsen (ww)	өткөрүү	øtkøryy
programma (het)	программа	programma
software (de)	программалык	programmalık
programmeur (de)	программист	programmist
programmeren (ww)	программалаштыруу	programmalaʃtıruu
hacker (computerkraker)	хакер	χaker
wachtwoord (het)	сырсөз	sırsøz
virus (het)	вирус	virus
ontdekken (virus ~)	издеп табуу	izdep tabuu

| byte (de) | байт | bajt |
| megabyte (de) | мегабайт | megabajt |

| data (de) | маалыматтар | maalımattar |
| databank (de) | маалымат базасы | maalımat bazası |

kabel (USB-~, enz.)	кабель	kabelʲ
afsluiten (ww)	ажыратуу	adʒıratuu
aansluiten op (ww)	туташтыруу	tutaʃtıruu

102. Internet. E-mail

internet (het)	интернет	internet
browser (de)	браузер	brauzer
zoekmachine (de)	издөө аспабы	izdøø aspabı
internetprovider (de)	провайдер	provajder

webmaster (de)	веб-мастер	web-master
website (de)	веб-сайт	web-sajt
webpagina (de)	веб-баракча	web-baraktʃa

| adres (het) | дарек | darek |
| adresboek (het) | дарек китепчеси | darek kiteptʃesi |

postvak (het)	почта ящиги	potʃta jaʃtʃigi
post (de)	почта	potʃta
vol (~ postvak)	толуп калган	tolup kalgan

bericht (het)	кабар	kabar
binnenkomende berichten (mv.)	келген кабарлар	kelgen kabarlar
uitgaande berichten (mv.)	жөнөтүлгөн кабарлар	dʒønøtylgøn kabarlar

verzender (de)	жөнөтүүчү	dʒønøtyytʃy
verzenden (ww)	жөнөтүү	dʒønøtyy
verzending (de)	жөнөтүү	dʒønøtyy

| ontvanger (de) | алуучу | aluutʃu |
| ontvangen (ww) | алуу | aluu |

| correspondentie (de) | жазышуу | dʒazıʃuu |
| corresponderen (met …) | жазышуу | dʒazıʃuu |

bestand (het)	файл	fajl
downloaden (ww)	жүктөө	dʒyktøø
creëren (ww)	жаратуу	dʒaratuu
verwijderen (een bestand ~)	жок кылуу	dʒok kıluu
verwijderd (bn)	жок кылынган	dʒok kılıngan

verbinding (de)	байланыш	bajlanıʃ
snelheid (de)	ылдамдык	ıldamdık
modem (de)	модем	modem
toegang (de)	жеткирилүү	dʒetkirilyy
poort (de)	порт	port

| aansluiting (de) | туташуу | tutaʃuu |
| zich aansluiten (ww) | ... туташуу | ... tutaʃuu |

| selecteren (ww) | тандоо | tandoo |
| zoeken (ww) | ... издөө | ... izdøø |

103. Elektriciteit

elektriciteit (de)	электр кубаты	elektr kubatı
elektrisch (bn)	электрикалык	elektrikalık
elektriciteitscentrale (de)	электростанция	elektrostantsija
energie (de)	энергия	energija
elektrisch vermogen (het)	электр кубаты	elektr kubatı

lamp (de)	лампочка	lampotʃka
zaklamp (de)	шам	ʃam
straatlantaarn (de)	шам	ʃam

licht (elektriciteit)	жарык	dʒarık
aandoen (ww)	күйгүзүү	kyjgyzyy
uitdoen (ww)	өчүрүү	øtʃyryy
het licht uitdoen	жарыкты өчүрүү	dʒarıktı øtʃyryy
doorbranden (gloeilamp)	күйүп кетүү	kyjyp ketyy
kortsluiting (de)	кыска туташуу	kıska tutaʃuu
onderbreking (de)	үзүлүү	yzylyy
contact (het)	контакт	kontakt

schakelaar (de)	өчүргүч	øtʃyrgytʃ
stopcontact (het)	розетка	rozetka
stekker (de)	сайгыч	sajgıtʃ
verlengsnoer (de)	узарткыч	uzartkıtʃ
zekering (de)	эриме сактагыч	erime saktagıtʃ
kabel (de)	зым	zım
bedrading (de)	электр зымы	elektr zımı

ampère (de)	ампер	amper
stroomsterkte (de)	токтун күчү	toktun kytʃy
volt (de)	вольт	volʲt
spanning (de)	чыңалуу	tʃıŋaluu

| elektrisch toestel (het) | электр алет | elektr alet |
| indicator (de) | көрсөткүч | kørsøtkytʃ |

elektricien (de)	электрик	elektrik
solderen (ww)	кандоо	kandoo
soldeerbout (de)	кандагыч аспап	kandagıtʃ aspap
stroom (de)	электр тогу	elektr togu

104. Gereedschappen

| werktuig (stuk gereedschap) | аспап | aspap |
| gereedschap (het) | аспаптар | aspaptar |

uitrusting (de)	жабдуу	dʒabduu
hamer (de)	балка	balka
schroevendraaier (de)	бурагыч	buragɪtʃ
bijl (de)	балта	balta
zaag (de)	араа	araa
zagen (ww)	аралоо	araloo
schaaf (de)	тактай сүргүч	taktaj syrgytʃ
schaven (ww)	сүргүү	syryy
soldeerbout (de)	кандагыч аспап	kaŋdagɪtʃ aspap
solderen (ww)	кандоо	kaŋdoo
vijl (de)	өгөө	øgøø
nijptang (de)	аттиш	attiʃ
combinatietang (de)	жалпак тиштүү кычкач	dʒalpak tiʃtyy kɪtʃkatʃ
beitel (de)	тешкич	teʃkitʃ
boorkop (de)	бургу	burgu
boormachine (de)	үшкү	yʃky
boren (ww)	бургулап тешүү	burgulap teʃyy
mes (het)	бычак	bɪtʃak
zakmes (het)	чөнтөк бычак	tʃøntøk bɪtʃak
lemmet (het)	миз	miz
scherp (bijv. ~ mes)	курч	kurtʃ
bot (bn)	мокок	mokok
bot raken (ww)	мокотулуу	mokotuluu
slijpen (een mes ~)	курчутуу	kurtʃutuu
bout (de)	буроо	buroo
moer (de)	бурама	burama
schroefdraad (de)	бураманын сайы	buramanɪn sajɪ
houtschroef (de)	буроо мык	buroo mɪk
spijker (de)	мык	mɪk
kop (de)	баш	baʃ
liniaal (de/het)	сызгыч	sɪzgɪtʃ
rolmeter (de)	рулетка	ruletka
waterpas (de/het)	деңгээл	deŋgeel
loep (de)	чоңойтуч	tʃoŋojtutʃ
meetinstrument (het)	ченөөчү аспап	tʃenøøtʃy aspap
opmeten (ww)	ченөө	tʃenøø
schaal (meetschaal)	шкала	ʃkala
gegevens (mv.)	көрсөтүү ченем	kørsøtyy tʃenem
compressor (de)	компрессор	kompressor
microscoop (de)	микроскоп	mikroskop
pomp (de)	соргу	sorgu
robot (de)	робот	robot
laser (de)	лазер	lazer
moersleutel (de)	гайка ачкычы	gajka atʃkɪtʃɪ
plakband (de)	жабышкак тасма	dʒabɪʃkak tasma

lijm (de)	желим	dʒelim
schuurpapier (het)	кум кагаз	kum kagaz
veer (de)	серпилгич	serpilgitʃ
magneet (de)	магнит	magnit
handschoenen (mv.)	колкап	kolkap

touw (bijv. henneptouw)	аркан	arkan
snoer (het)	жип	dʒip
draad (de)	зым	zɪm
kabel (de)	кабель	kabelʲ

moker (de)	барскан	barskan
breekijzer (het)	лом	lom
ladder (de)	шаты	ʃatɪ
trapje (inklapbaar ~)	кичинекей шаты	kitʃinekej ʃatɪ

aanschroeven (ww)	бурап бекитүү	burap bekityy
losschroeven (ww)	бурап чыгаруу	burap tʃɪgaruu
dichtpersen (ww)	кысуу	kɪsuu
vastlijmen (ww)	жабыштыруу	dʒabɪʃtɪruu
snijden (ww)	кесүү	kesyy

defect (het)	бузулгандык	buzulgandɪk
reparatie (de)	оңдоо	oŋdoo
repareren (ww)	оңдоо	oŋdoo
regelen (een machine ~)	тууралоо	tuuraloo

checken (ww)	текшерүү	tekʃeryy
controle (de)	текшерүү	tekʃeryy
gegevens (mv.)	көрсөтүү ченем	kørsøtyy tʃenem

degelijk (bijv. ~ machine)	ишеничтүү	iʃenitʃtyy
ingewikkeld (bn)	кыйын	kɪjɪn

roesten (ww)	дат басуу	dat basuu
roestig (bn)	дат баскан	dat baskan
roest (de/het)	дат	dat

Vervoer

105. Vliegtuig

vliegtuig (het)	учак	uʧak
vliegticket (het)	авиабилет	aviabilet
luchtvaartmaatschappij (de)	авиакомпания	aviakompanija
luchthaven (de)	аэропорт	aeroport
supersonisch (bn)	сверхзвуковой	sverχzvukovoj
gezagvoerder (de)	кеме командири	keme komandiri
bemanning (de)	экипаж	ekipadʒ
piloot (de)	учкуч	uʧkuʧ
stewardess (de)	стюардесса	stʉardessa
stuurman (de)	штурман	ʃturman
vleugels (mv.)	канаттар	kanattar
staart (de)	куйрук	kujruk
cabine (de)	кабина	kabina
motor (de)	кыймылдаткыч	kıjmıldatkıʧ
landingsgestel (het)	шасси	ʃassi
turbine (de)	турбина	turbina
propeller (de)	пропеллер	propeller
zwarte doos (de)	кара куту	kara kutu
stuur (het)	штурвал	ʃturval
brandstof (de)	күйүүчү май	kyjyyʧy may
veiligheidskaart (de)	коопсуздук көрсөтмөсү	koopsuzduk kørsøtmøsy
zuurstofmasker (het)	кислород чүмбөтү	kislorod ʧymbøty
uniform (het)	бир беткей кийим	bir betkey kijim
reddingsvest (de)	куткаруучу күрмө	kutkaruuʧu kyrmø
parachute (de)	парашют	paraʃʉt
opstijgen (het)	учуп көтөрүлүү	uʧup køtørylyy
opstijgen (ww)	учуп көтөрүлүү	uʧup køtørylyy
startbaan (de)	учуп чыгуу тилкеси	uʧup ʧıguu tilkesi
zicht (het)	көрүнүш	kørynyʃ
vlucht (de)	учуу	uʧuu
hoogte (de)	бийиктик	bijiktik
luchtzak (de)	аба чүңкуру	aba ʧyŋkuru
plaats (de)	орун	orun
koptelefoon (de)	кулакчын	kulakʧın
tafeltje (het)	бүктөлмө стол	byktølmø stol
venster (het)	иллюминатор	illʉminator
gangpad (het)	өтмөк	øtmøk

106. Trein

trein (de)	поезд	poezd
elektrische trein (de)	электричка	elektritʃka
sneltrein (de)	бат жүрүүчү поезд	bat dʒyryytʃy poezd
diesellocomotief (de)	тепловоз	teplovoz
stoomlocomotief (de)	паровоз	parovoz
rijtuig (het)	вагон	vagon
restauratierijtuig (het)	вагон-ресторан	vagon-restoran
rails (mv.)	рельсалар	relʲsalar
spoorweg (de)	темир жолу	temir dʒolu
dwarsligger (de)	шпала	ʃpala
perron (het)	платформа	platforma
spoor (het)	жол	dʒol
semafoor (de)	семафор	semafor
halte (bijv. kleine treinhalte)	бекет	beket
machinist (de)	машинист	maʃinist
kruier (de)	жук ташуучу	dʒuk taʃuutʃu
conducteur (de)	проводник	provodnik
passagier (de)	жүргүнчү	dʒyrgyntʃy
controleur (de)	текшерүүчү	tekʃeryytʃy
gang (in een trein)	коридор	koridor
noodrem (de)	стоп-кран	stop-kran
coupé (de)	купе	kupe
bed (slaapplaats)	текче	tektʃe
bovenste bed (het)	үстүңкү текче	ystyŋky tektʃe
onderste bed (het)	ылдыйкы текче	ıldıjkı tektʃe
beddengoed (het)	жууркан-төшөк	dʒuurkan-tøʃøk
kaartje (het)	билет	bilet
dienstregeling (de)	ырааттама	ıraattama
informatiebord (het)	табло	tablo
vertrekken	жөнөө	dʒønøø
(De trein vertrekt …)		
vertrek (ov. een trein)	жөнөө	dʒønøø
aankomen (ov. de treinen)	келүү	kelyy
aankomst (de)	келүү	kelyy
aankomen per trein	поезд менен келүү	poezd menen kelyy
in de trein stappen	поездге отуруу	poezdge oturuu
uit de trein stappen	поездден түшүү	poezdden tyʃyy
treinwrak (het)	кыйроо	kıjroo
ontspoord zijn	рельсадан чыгып кетүү	relʲsadan tʃıgıp ketyy
stoomlocomotief (de)	паровоз	parovoz
stoker (de)	от жагуучу	ot dʒaguutʃu
stookplaats (de)	меш	meʃ
steenkool (de)	көмүр	kømyr

107. Schip

| schip (het) | кеме | keme |
| vaartuig (het) | кеме | keme |

stoomboot (de)	пароход	paroχod
motorschip (het)	теплоход	teploχod
lijnschip (het)	лайнер	lajner
kruiser (de)	крейсер	krejser

jacht (het)	яхта	jaχta
sleepboot (de)	буксир	buksir
duwbak (de)	баржа	bardʒa
ferryboot (de)	паром	parom

| zeilboot (de) | парус | parus |
| brigantijn (de) | бригантина | brigantina |

| ijsbreker (de) | муз жаргыч кеме | muz dʒargıtʃ keme |
| duikboot (de) | суу астында жүрүүчү кеме | suu astında dʒyryytʃy keme |

boot (de)	кайык	kajık
sloep (de)	шлюпка	ʃʉpka
reddingssloep (de)	куткаруу шлюпкасы	kutkaruu ʃʉpkası
motorboot (de)	катер	kater

kapitein (de)	капитан	kapitan
zeeman (de)	матрос	matros
matroos (de)	деңизчи	deŋiztʃi
bemanning (de)	экипаж	ekipadʒ

bootsman (de)	боцман	botsman
scheepsjongen (de)	юнга	jʉnga
kok (de)	кок	kok
scheepsarts (de)	кеме доктуру	keme dokturu

dek (het)	палуба	paluba
mast (de)	мачта	matʃta
zeil (het)	парус	parus

ruim (het)	трюм	trʉm
voorsteven (de)	тумшук	tumʃuk
achtersteven (de)	кеменин арткы бөлүгү	kemenin artkı bølygy
roeispaan (de)	калак	kalak
schroef (de)	винт	vint

kajuit (de)	каюта	kajʉta
officierskamer (de)	кают-компания	kajʉt-kompanija
machinekamer (de)	машина бөлүгү	maʃina bølygy
brug (de)	капитан мостиги	kapitan mostigi
radiokamer (de)	радиорубка	radiorubka
radiogolf (de)	толкун	tolkun
logboek (het)	кеме журналы	keme dʒurnalı
verrekijker (de)	дүрбү	dyrby

| klok (de) | коңгуроо | konguroo |
| vlag (de) | байрак | bajrak |

| kabel (de) | аркан | arkan |
| knoop (de) | түйүн | tyjyn |

| leuning (de) | туткуч | tutkutʃ |
| trap (de) | трап | trap |

anker (het)	кеме казык	keme kazık
het anker lichten	кеме казыкты көтөрүү	keme kazıktı køtøryy
het anker neerlaten	кеме казыкты таштоо	keme kazıktı taʃtoo
ankerketting (de)	казык чынжыры	kazık tʃındʒırı

haven (bijv. containerhaven)	порт	port
kaai (de)	причал	pritʃal
aanleggen (ww)	келип токтоо	kelip toktoo
wegvaren (ww)	жээктен алыстоо	dʒeekten alıstoo

reis (de)	саякат	sajakat
cruise (de)	деңиз саякаты	deŋiz sajakatı
koers (de)	курс	kurs
route (de)	каттам	kattam

vaarwater (het)	фарватер	farvater
zandbank (de)	тайыз жер	tajız dʒer
stranden (ww)	тайыз жерге отуруу	tajız dʒerge oturuu

storm (de)	бороон чапкын	boroon tʃapkın
signaal (het)	сигнал	signal
zinken (ov. een boot)	чөгүү	tʃøgyy
Man overboord!	Сууда адам бар!	suuda adam bar!
SOS (noodsignaal)	SOS	sos
reddingsboei (de)	куткаруучу тегерек	kutkaruutʃu tegerek

108. Vliegveld

luchthaven (de)	аэропорт	aeroport
vliegtuig (het)	учак	utʃak
luchtvaartmaatschappij (de)	авиакомпания	aviakompanija
luchtverkeersleider (de)	авиадиспетчер	aviadispettʃer

vertrek (het)	учуп кетүү	utʃup ketyy
aankomst (de)	учуп келүү	utʃup kelyy
aankomen (per vliegtuig)	учуп келүү	utʃup kelyy

| vertrektijd (de) | учуп кетүү убактысы | utʃup ketyy ubaktısı |
| aankomstuur (het) | учуп келүү убактысы | utʃup kelyy ubaktısı |

| vertraagd zijn (ww) | кармалуу | karmaluu |
| vluchtvertraging (de) | учуп кетүүнүн кечигиши | utʃup ketyynyn ketʃigiʃi |

| informatiebord (het) | маалымат таблосу | maalımat tablosu |
| informatie (de) | маалымат | maalımat |

aankondigen (ww)	кулактандыруу	kulaktandıruu
vlucht (bijv. KLM ~)	рейс	rejs
douane (de)	бажыкана	badӡıkana
douanier (de)	бажы кызматкери	badӡı kızmatkeri
douaneaangifte (de)	бажы декларациясы	badӡı deklaratsijası
invullen (douaneaangifte ~)	толтуруу	tolturuu
een douaneaangifte invullen	декларация толтуруу	deklaratsija tolturuu
paspoortcontrole (de)	паспорт текшерүү	pasport tekʃeryy
bagage (de)	жүк	dӡyk
handbagage (de)	кол жүгү	kol dӡygy
bagagekarretje (het)	араба	araba
landing (de)	конуу	konuu
landingsbaan (de)	конуу тилкеси	konuu tilkesi
landen (ww)	конуу	konuu
vliegtuigtrap (de)	трап	trap
inchecken (het)	катталуу	kattaluu
incheckbalie (de)	каттоо стойкасы	kattoo stojkası
inchecken (ww)	катталуу	kattaluu
instapkaart (de)	отуруу үчүн талон	oturuu ytʃyn talon
gate (de)	чыгуу	tʃıguu
transit (de)	транзит	tranzit
wachten (ww)	күтүү	kytyy
wachtzaal (de)	күтүү залы	kutyy zalı
begeleiden (uitwuiven)	узатуу	uzatuu
afscheid nemen (ww)	коштошуу	koʃtoʃuu

Gebeurtenissen in het leven

109. Vakanties. Evenement

feest (het)	майрам	majram
nationale feestdag (de)	улуттук	uluttuk
feestdag (de)	майрам күнү	majram kyny
herdenken (ww)	майрамдоо	majramdoo
gebeurtenis (de)	окуя	okuja
evenement (het)	иш-чара	iʃ-tʃara
banket (het)	банкет	banket
receptie (de)	кабыл алуу	kabıl aluu
feestmaal (het)	той	toj
verjaardag (de)	жылдык	dʒıldık
jubileum (het)	юбилей	jʉbilej
vieren (ww)	белгилөө	belgiløø
Nieuwjaar (het)	Жаны жыл	dʒanı dʒıl
Gelukkig Nieuwjaar!	Жаны Жылыңар менен!	dʒanı dʒılıŋar menen!
Sinterklaas (de)	Аяз ата, Санта Клаус	ajaz ata, santa klaus
Kerstfeest (het)	Рождество	rodʒdestvo
Vrolijk kerstfeest!	Рождество майрамыңыз менен!	rodʒdestvo majramıŋız menen!
kerstboom (de)	Жаңы жылдык балаты	dʒaŋı dʒıldık balatı
vuurwerk (het)	салют	salʉt
bruiloft (de)	үйлөнүү той	yjlønyy toy
bruidegom (de)	күйөө	kyjøø
bruid (de)	колукту	koluktu
uitnodigen (ww)	чакыруу	tʃakıruu
uitnodigingskaart (de)	чакыруу	tʃakıruu
gast (de)	конок	konok
op bezoek gaan	конокко баруу	konokko baruu
gasten verwelkomen	конок тосуу	konok tosuu
geschenk, cadeau (het)	белек	belek
geven (iets cadeau ~)	белек берүү	belek beryy
geschenken ontvangen	белек алуу	belek aluu
boeket (het)	десте	deste
felicitaties (mv.)	куттуктоо	kuttuktoo
feliciteren (ww)	куттуктоо	kuttuktoo
wenskaart (de)	куттуктоо ачык каты	kuttuktoo atʃık katı
een kaartje versturen	ачык катты жөнөтүү	atʃık kattı dʒønøtyy

een kaartje ontvangen	ачык катты алуу	atʃık kattı aluu
toast (de)	каалоо тилек	kaaloo tilek
aanbieden (een drankje ~)	ооз тийгизүү	ooz tijgizyy
champagne (de)	шампан	ʃampan

plezier hebben (ww)	көңүл ачуу	køŋyl atʃuu
plezier (het)	көңүлдүүлүк	køŋyldyylyk
vreugde (de)	кубаныч	kubanıtʃ

| dans (de) | бий | bij |
| dansen (ww) | бийлөө | bijløø |

| wals (de) | вальс | valʲs |
| tango (de) | танго | tango |

110. Begrafenissen. Begrafenis

kerkhof (het)	мүрзө	myrzø
graf (het)	мүрзө	myrzø
kruis (het)	крест	krest
grafsteen (de)	мүрзө үстүндөгү жазуу	myrzø ystyndøgy dʒazuu
omheining (de)	тосмо	tosmo
kapel (de)	кичинекей чиркөө	kitʃinekej tʃirkøø

dood (de)	өлүм	ølym
sterven (ww)	өлүү	ølyy
overledene (de)	маркум	markum
rouw (de)	аза	aza

begraven (ww)	көмүү	kømyy
begrafenisonderneming (de)	ырасым бюросу	ırasım bʉrosu
begrafenis (de)	сөөк узатуу жана көмүү	søøk uzatuu dʒana kømyy

krans (de)	гүлчамбар	gyltʃambar
doodskist (de)	табыт	tabıt
lijkwagen (de)	катафалк	katafalk
lijkkleed (de)	кепин	kepin

begrafenisstoet (de)	узатуу жүрүшү	uzatuu dʒyryʃy
urn (de)	сөөк күлдүн кутусу	søøk kyldyn kutusu
crematorium (het)	крематорий	krematorij

overlijdensbericht (het)	некролог	nekrolog
huilen (wenen)	ыйлоо	ıjloo
snikken (huilen)	боздоп ыйлоо	bozdop ıjloo

111. Oorlog. Soldaten

peloton (het)	взвод	vzvod
compagnie (de)	рота	rota
regiment (het)	полк	polk
leger (armee)	армия	armija

divisie (de)	дивизия	divizija
sectie (de)	отряд	otrʲad
troep (de)	куралдуу аскер	kuralduu asker
soldaat (militair)	аскер	asker
officier (de)	офицер	ofitser
soldaat (rang)	катардагы жоокер	katardagı dӡooker
sergeant (de)	сержант	serdӡant
luitenant (de)	лейтенант	lejtenant
kapitein (de)	капитан	kapitan
majoor (de)	майор	major
kolonel (de)	полковник	polkovnik
generaal (de)	генерал	general
matroos (de)	деңизчи	deŋiztʃi
kapitein (de)	капитан	kapitan
bootsman (de)	боцман	botsman
artillerist (de)	артиллерист	artillerist
valschermjager (de)	десантник	desantnik
piloot (de)	учкуч	utʃkutʃ
stuurman (de)	штурман	ʃturman
mecanicien (de)	механик	meχanik
sappeur (de)	сапёр	sapʲor
parachutist (de)	парашютист	paraʃutist
verkenner (de)	чалгынчы	tʃalgıntʃı
scherpschutter (de)	көзатар	køzatar
patrouille (de)	жол-күзөт	dӡol-kyzøt
patrouilleren (ww)	жол-күзөткө чыгуу	dӡol-kyzøtkø tʃıguu
wacht (de)	сакчы	saktʃı
krijger (de)	жоокер	dӡooker
patriot (de)	мекенчил	mekentʃil
held (de)	баатыр	baatır
heldin (de)	баатыр айым	baatır ajım
verrader (de)	чыккынчы	tʃıkkıntʃı
verraden (ww)	кыянаттык кылуу	kıjanattık kıluu
deserteur (de)	качкын	katʃkın
deserteren (ww)	качуу	katʃuu
huurling (de)	жалданма	dӡaldanma
rekruut (de)	жаңы алынган аскер	dӡaŋı alıngan asker
vrijwilliger (de)	ыктыярчы	ıktıjartʃı
gedode (de)	өлтүрүлгөн	øltyrylgøn
gewonde (de)	жарадар	dӡaradar
krijgsgevangene (de)	туткун	tutkun

T&P Books. Thematische woordenschat Nederlands-Kirgizisch - 5000 woorden

112. Oorlog. Militaire acties. Deel 1

oorlog (de)	согуш	soguʃ
oorlog voeren (ww)	согушуу	soguʃuu
burgeroorlog (de)	жарандык согуш	dʒarandık soguʃ
achterbaks (bw)	жүзү каралык менен кол салуу	dʒyzy karalık menen kol saluu
oorlogsverklaring (de)	согушту жарыялоо	soguʃtu dʒarıjaloo
verklaren (de oorlog ~)	согуш жарыялоо	soguʃ dʒarıjaloo
agressie (de)	агрессия	agressija
aanvallen (binnenvallen)	кол салуу	kol saluu
binnenvallen (ww)	басып алуу	basıp aluu
invaller (de)	баскынчы	baskıntʃı
veroveraar (de)	басып алуучу	basıp aluutʃu
verdediging (de)	коргонуу	korgonuu
verdedigen (je land ~)	коргоо	korgoo
zich verdedigen (ww)	коргонуу	korgonuu
vijand (de)	душман	duʃman
tegenstander (de)	каршылаш	karʃılaʃ
vijandelijk (bn)	душмандын	duʃmandın
strategie (de)	стратегия	strategija
tactiek (de)	тактика	taktika
order (de)	буйрук	bujruk
bevel (het)	команда	komanda
bevelen (ww)	буйрук берүү	bujruk beryy
opdracht (de)	тапшырма	tapʃırma
geheim (bn)	жашыруун	dʒaʃıruun
slag (de)	салгылаш	salgılaʃ
veldslag (de)	согуш	soguʃ
strijd (de)	салгылаш	salgılaʃ
aanval (de)	чабуул	tʃabuul
bestorming (de)	чабуул	tʃabuul
bestormen (ww)	чабуул жасоо	tʃabuul dʒasoo
bezetting (de)	тегеректеп курчоо	tegerektep kurtʃoo
aanval (de)	чабуул	tʃabuul
in het offensief te gaan	чабуул салуу	tʃabuul saluu
terugtrekking (de)	чегинүү	tʃeginyy
zich terugtrekken (ww)	чегинүү	tʃeginyy
omsingeling (de)	курчоо	kurtʃoo
omsingelen (ww)	курчоого алуу	kurtʃoogo aluu
bombardement (het)	бомба жаадыруу	bomba dʒaadıruu
een bom gooien	бомба таштоо	bomba taʃtoo
bombarderen (ww)	бомба жаадыруу	bomba dʒaadıruu

107

ontploffing (de)	жарылуу	dʒarıluu
schot (het)	атылуу	atıluu
een schot lossen	атуу	atuu
schieten (het)	атуу	atuu

mikken op (ww)	мээлөө	meeløø
aanleggen (een wapen ~)	мээлөө	meeløø
treffen (doelwit ~)	тийүү	tijyy

zinken (tot zinken brengen)	чөктүрүү	tʃøktyryy
kogelgat (het)	тешик	teʃik
zinken (gezonken zijn)	суу астына кетүү	suu astına ketyy

front (het)	майдан	majdan
evacuatie (de)	эвакуация	evakuatsija
evacueren (ww)	эвакуациялоо	evakuatsijaloo

loopgraaf (de)	окоп	okop
prikkeldraad (de)	тикендүү зым	tikendyy zım
verdedigingsobstakel (het)	тосмо	tosmo
wachttoren (de)	мунара	munara

hospitaal (het)	госпиталь	gospitalʲ
verwonden (ww)	жарадар кылуу	dʒaradar kıluu
wond (de)	жара	dʒara
gewonde (de)	жарадар	dʒaradar
gewond raken (ww)	жаракат алуу	dʒarakat aluu
ernstig (~e wond)	оор жаракат	oor dʒarakat

113. Oorlog. Militaire acties. Deel 2

krijgsgevangenschap (de)	туткун	tutkun
krijgsgevangen nemen	туткунга алуу	tutkunga aluu
krijgsgevangene zijn	туткунда болуу	tutkunda boluu
krijgsgevangen genomen worden	туткунга түшүү	tutkunga tyʃyy

concentratiekamp (het)	концлагерь	kontslagerʲ
krijgsgevangene (de)	туткун	tutkun
vluchten (ww)	качуу	katʃuu

verraden (ww)	кыянаттык кылуу	kıjanattık kıluu
verrader (de)	чыккынчы	tʃıkkıntʃı
verraad (het)	чыккынчылык	tʃıkkıntʃılık

| fusilleren (executeren) | атып өлтүрүү | atıp øltyryy |
| executie (de) | атып өлтүрүү | atıp øltyryy |

uitrusting (de)	аскер кийими	asker kijimi
schouderstuk (het)	погон	pogon
gasmasker (het)	противогаз	protivogaz

| portofoon (de) | рация | ratsija |
| geheime code (de) | шифр | ʃifr |

samenzwering (de)	жекеликте сактоо	dʒekelikte saktoo
wachtwoord (het)	сырсөз	sırsøz
mijn (landmijn)	мина	mina
ondermijnen (legden mijnen)	миналоо	minaloo
mijnenveld (het)	мина талаасы	mina talaası
luchtalarm (het)	аба айгайы	aba ajgajı
alarm (het)	айгай	ajgaj
signaal (het)	сигнал	signal
vuurpijl (de)	сигнал ракетасы	signal raketası
staf (generale ~)	штаб	ʃtab
verkenning (de)	чалгын	tʃalgın
toestand (de)	кырдаал	kırdaal
rapport (het)	рапорт	raport
hinderlaag (de)	буктурма	bukturma
versterking (de)	кошумча күч	koʃumtʃa kytʃ
doel (bewegend ~)	бута	buta
proefterrein (het)	полигон	poligon
manoeuvres (mv.)	манервлер	manervler
paniek (de)	дүрбөлөң	dyrbøløŋ
verwoesting (de)	кыйроо	kıjroo
verwoestingen (mv.)	кыйроо	kıjroo
verwoesten (ww)	кыйратуу	kıjratuu
overleven (ww)	тирүү калуу	tiryy kaluu
ontwapenen (ww)	куралсыздандыруу	kuralsızdandıruu
behandelen (een pistool ~)	мамиле кылуу	mamile kıluu
Geeft acht!	Түз тур!	tyz tur!
Op de plaats rust!	Эркин!	erkin!
heldendaad (de)	эрдик	erdik
eed (de)	ант	ant
zweren (een eed doen)	ант берүү	ant beryy
decoratie (de)	сыйлык	sıjlık
onderscheiden	сыйлоо	sıjloo
(een ereteken geven)		
medaille (de)	медаль	medalʲ
orde (de)	орден	orden
overwinning (de)	жеңиш	dʒeŋiʃ
verlies (het)	жеңилүү	dʒeŋilyy
wapenstilstand (de)	жарашуу	dʒaraʃuu
wimpel (vaandel)	байрак	bajrak
roem (de)	даңк	daŋk
parade (de)	парад	parad
marcheren (ww)	маршта басуу	marʃta basuu

114. Wapens

wapens (mv.)	курал	kural
vuurwapens (mv.)	курал жарак	kural dʒarak
koude wapens (mv.)	атылбас курал	atılbas kural
chemische wapens (mv.)	химиялык курал	χimijalık kural
kern-, nucleair (bn)	ядерлүү	jaderlyy
kernwapens (mv.)	ядерлүү курал	jaderlyy kural
bom (de)	бомба	bomba
atoombom (de)	атом бомбасы	atom bombası
pistool (het)	тапанча	tapantʃa
geweer (het)	мылтык	mıltık
machinepistool (het)	автомат	avtomat
machinegeweer (het)	пулемёт	pulemʲot
loop (schietbuis)	мылтыктын оозу	mıltıktın oozu
loop (bijv. geweer met kortere ~)	ствол	stvol
kaliber (het)	калибр	kalibr
trekker (de)	курок	kurok
korrel (de)	кароолго алуу	karoolgo aluu
magazijn (het)	магазин	magazin
geweerkolf (de)	күндак	kyndak
granaat (handgranaat)	граната	granata
explosieven (mv.)	жарылуучу зат	dʒarıluutʃu zat
kogel (de)	ок	ok
patroon (de)	патрон	patron
lading (de)	дүрмөк	dyrmøk
ammunitie (de)	ок-дары	ok-darı
bommenwerper (de)	бомбалоочу	bombalootʃu
straaljager (de)	кыйраткыч учак	kıjratkıtʃ utʃak
helikopter (de)	вертолёт	vertolʲot
afweergeschut (het)	зенитка	zenitka
tank (de)	танк	tank
kanon (tank met een ~ van 76 mm)	замбирек	zambirek
artillerie (de)	артиллерия	artillerija
kanon (het)	замбирек	zambirek
aanleggen (een wapen ~)	мээлөө	meeløø
projectiel (het)	снаряд	snarʲad
mortiergranaat (de)	мина	mina
mortier (de)	миномёт	minomʲot
granaatscherf (de)	сыныктар	sınıktar
duikboot (de)	суу астында жүрүүчү кеме	suu astında dʒyryytʃy keme

torpedo (de)	торпеда	torpeda
raket (de)	ракета	raketa

laden (geweer, kanon)	октоо	oktoo
schieten (ww)	атуу	atuu
richten op (mikken)	мээлөө	meelөø
bajonet (de)	найза	najza

degen (de)	шпага	ʃpaga
sabel (de)	кылыч	kılıtʃ
speer (de)	найза	najza
boog (de)	жаа	dʒaa
pijl (de)	жебе	dʒebe
musket (de)	мушкет	muʃket
kruisboog (de)	арбалет	arbalet

115. Oude mensen

primitief (bn)	алгачкы	algatʃkı
voorhistorisch (bn)	тарыхтан илгери	tarıxtan ilgeri
eeuwenoude (~ beschaving)	байыркы	bajırkı

Steentijd (de)	Таш доору	taʃ dooru
Bronstijd (de)	Коло доору	kolo dooru
IJstijd (de)	Муз доору	muz dooru

stam (de)	уруу	uruu
menseneter (de)	адам жегич	adam dʒegitʃ
jager (de)	аңчы	aŋtʃı
jagen (ww)	аңчылык кылуу	aŋtʃılık kıluu
mammoet (de)	мамонт	mamont

grot (de)	үңкүр	yŋkyr
vuur (het)	от	ot
kampvuur (het)	от	ot
rotstekening (de)	ташка чегерилген сүрөт	taʃka tʃegerilgen syrøt

werkinstrument (het)	эмгек куралы	emgek kuralı
speer (de)	найза	najza
stenen bijl (de)	таш балта	taʃ balta
oorlog voeren (ww)	согушуу	soguʃuu
temmen (bijv. wolf ~)	колго көндүрүү	kolgo køndyryy

idool (het)	бут	but
aanbidden (ww)	сыйынуу	sıjınuu
bijgeloof (het)	жок нерсеге ишенүү	dʒok nersege iʃenyy
ritueel (het)	ырым-жырым	ırım-dʒırım

evolutie (de)	эволюция	evolʉtsija
ontwikkeling (de)	өнүгүү	ønygyy
verdwijning (de)	жок болуу	dʒok boluu
zich aanpassen (ww)	ылайыкташуу	ılajıktaʃuu
archeologie (de)	археология	arxeologija
archeoloog (de)	археолог	arxeolog

archeologisch (bn)	археологиялык	arχeologijalık
opgravingsplaats (de)	казуу жери	kazuu dʒeri
opgravingen (mv.)	казуу иштери	kazuu iʃteri
vondst (de)	табылга	tabılga
fragment (het)	фрагмент	fragment

116. Middeleeuwen

volk (het)	эл	el
volkeren (mv.)	элдер	elder
stam (de)	уруу	uruu
stammen (mv.)	уруулар	uruular

barbaren (mv.)	варварлар	varvarlar
Galliërs (mv.)	галлдар	galldar
Goten (mv.)	готтор	gottor
Slaven (mv.)	славяндар	slavʲandar
Vikings (mv.)	викингдер	vikingder

| Romeinen (mv.) | римдиктер | rimdikter |
| Romeins (bn) | римдик | rimdik |

Byzantijnen (mv.)	византиялыктар	vizantijalıktar
Byzantium (het)	Византия	vizantija
Byzantijns (bn)	византиялык	vizantijalık

keizer (bijv. Romeinse ~)	император	imperator
opperhoofd (het)	башчы	baʃtʃı
machtig (bn)	кудуреттүү	kudurettyy
koning (de)	король, падыша	korolʲ, padıʃa
heerser (de)	башкаруучу	baʃkaruutʃu

ridder (de)	рыцарь	rıtsarʲ
feodaal (de)	феодал	feodal
feodaal (bn)	феодалдуу	feodalduu
vazal (de)	вассал	vassal

hertog (de)	герцог	gertsog
graaf (de)	граф	graf
baron (de)	барон	baron
bisschop (de)	епископ	episkop

harnas (het)	курал жана соот-шайман	kural dʒana soot-ʃajman
schild (het)	калкан	kalkan
zwaard (het)	кылыч	kılıtʃ
vizier (het)	туулганын бет калканы	tuulganın bet kalkanı
maliënkolder (de)	зоот	zoot

| kruistocht (de) | крест астындагы черүү | krest astındagı tʃeryy |
| kruisvaarder (de) | черүүгө чыгуучу | tʃeryygø tʃıguutʃu |

gebied (bijv. bezette ~en)	аймак	ajmak
aanvallen (binnenvallen)	кол салуу	kol saluu
veroveren (ww)	ээ болуу	ee boluu

innemen (binnenvallen)	басып алуу	basıp aluu
bezetting (de)	тегеректеп курчоо	tegerektep kurtʃoo
belegerd (bn)	курчалган	kurtʃalgan
belegeren (ww)	курчоого алуу	kurtʃoogo aluu

inquisitie (de)	инквизиция	inkvizitsija
inquisiteur (de)	инквизитор	inkvizitor
foltering (de)	кыйноо	kıjnoo
wreed (bn)	ырайымсыз	ırajımsız
ketter (de)	еретик	eretik
ketterij (de)	ересь	eresʲ

zeevaart (de)	деңизде сүзүү	deŋizde syzyy
piraat (de)	деңиз каракчысы	deŋiz karaktʃısı
piraterij (de)	деңиз каракчылыгы	deŋiz karaktʃılıgı
enteren (het)	абордаж	abordadʒ
buit (de)	олжо	oldʒo
schatten (mv.)	казына	kazına

ontdekking (de)	ачылыш	atʃılıʃ
ontdekken (bijv. nieuw land)	таап ачуу	taap atʃuu
expeditie (de)	экспедиция	ekspeditsija

musketier (de)	мушкетёр	muʃketʲor
kardinaal (de)	кардинал	kardinal
heraldiek (de)	геральдика	geralʲdika
heraldisch (bn)	гералдык	geraldık

117. Leider. Baas. Autoriteiten

koning (de)	король, падыша	korolʲ, padıʃa
koningin (de)	ханыша	χanıʃa
koninklijk (bn)	падышалык	padıʃalık
koninkrijk (het)	падышалык	padıʃalık

prins (de)	канзаада	kanzaada
prinses (de)	ханбийке	χanbijke

president (de)	президент	prezident
vicepresident (de)	вице-президент	vitse-prezident
senator (de)	сенатор	senator

monarch (de)	монарх	monarχ
heerser (de)	башкаруучу	baʃkaruutʃu
dictator (de)	диктатор	diktator
tiran (de)	зулум	zulum
magnaat (de)	магнат	magnat

directeur (de)	директор	direktor
chef (de)	башчы	baʃtʃı
beheerder (de)	башкаруучу	baʃkaruutʃu
baas (de)	шеф	ʃef
eigenaar (de)	кожоюн	kodʒodʒun
leider (de)	алдыңкы катардагы	aldıŋkı katardagı

hoofd (bijv. ~ van de delegatie)	башчы	baʃʧı
autoriteiten (mv.)	бийликтер	bijlikter
superieuren (mv.)	башчылар	baʃʧılar

gouverneur (de)	губернатор	gubernator
consul (de)	консул	konsul
diplomaat (de)	дипломат	diplomat
burgemeester (de)	мэр	mer
sheriff (de)	шериф	ʃerif

keizer (bijv. Romeinse ~)	император	imperator
tsaar (de)	падыша	padıʃa
farao (de)	фараон	faraon
kan (de)	хан	χan

118. De wet overtreden. Criminelen. Deel 1

bandiet (de)	ууру-кески	uuru-keski
misdaad (de)	кылмыш	kılmıʃ
misdadiger (de)	кылмышкер	kılmıʃker

dief (de)	ууру	uuru
stelen (ww)	уурдоо	uurdoo
stelen (de)	уруулук	uruuluk
diefstal (de)	уурдоо	uurdoo

kidnappen (ww)	ала качуу	ala katʃuu
kidnapping (de)	ала качуу	ala katʃuu
kidnapper (de)	ала качуучу	ala katʃuutʃu

losgeld (het)	кутказуу акчасы	kutkazuu aktʃası
eisen losgeld (ww)	кутказуу акчага талап коюу	kutkazuu aktʃaga talap kojuu

overvallen (ww)	тоноо	tonoo
overval (de)	тоноо	tonoo
overvaller (de)	тоноочу	tonootʃu

afpersen (ww)	опузалоо	opuzaloo
afperser (de)	опузалоочу	opuzalootʃu
afpersing (de)	опуза	opuza

vermoorden (ww)	өлтүрүү	øltyryy
moord (de)	өлтүрүү	øltyryy
moordenaar (de)	киши өлтүргүч	kiʃi øltyrgytʃ

schot (het)	атылуу	atıluu
een schot lossen	атуу	atuu
neerschieten (ww)	атып салуу	atıp saluu
schieten (ww)	атуу	atuu
schieten (het)	атышуу	atıʃuu
ongeluk (gevecht, enz.)	окуя	okuja
gevecht (het)	уруш	uruʃ

| Help! | Жардамга! | dʒardamga! |
| slachtoffer (het) | жапа чеккен | dʒapa tʃekken |

beschadigen (ww)	зыян келтирүү	zıjan keltiryy
schade (de)	залал	zalal
lijk (het)	өлүк	ølyk
zwaar (~ misdrijf)	оор	oor

aanvallen (ww)	кол салуу	kol saluu
slaan (iemand ~)	уруу	uruu
in elkaar slaan (toetakelen)	ур-токмокко алуу	ur-tokmokko aluu
ontnemen (beroven)	тартып алуу	tartıp aluu
steken (met een mes)	союп өлтүрүү	sojup øltyryy
verminken (ww)	майып кылуу	majıp kıluu
verwonden (ww)	жарадар кылуу	dʒaradar kıluu

chantage (de)	шантаж кылуу	ʃantadʒ kıluu
chanteren (ww)	шантаждоо	ʃantadʒdoo
chanteur (de)	шантажист	ʃantadʒist

afpersing (de)	рэкет	reket
afperser (de)	рэкетир	reketir
gangster (de)	гангстер	gangster
maffia (de)	мафия	mafija

kruimeldief (de)	чөнтөк ууру	tʃøntøk uuru
inbreker (de)	бузуп алуучу ууру	buzup aluutʃu uuru
smokkelen (het)	контрабанда	kontrabanda
smokkelaar (de)	контрабандачы	kontrabandatʃı

namaak (de)	окшотуп жасоо	okʃotup dʒasoo
namaken (ww)	жасалмалоо	dʒasalmaloo
namaak-, vals (bn)	жасалма	dʒasalma

119. De wet overtreden. Criminelen. Deel 2

verkrachting (de)	зордуктоо	zorduktoo
verkrachten (ww)	зордуктоо	zorduktoo
verkrachter (de)	зордукчул	zorduktʃul
maniak (de)	маньяк	manjak

prostituee (de)	сойку	sojku
prostitutie (de)	сойкучулук	sojkutʃuluk
pooier (de)	жак бакты	dʒak baktı

| drugsverslaafde (de) | баңги | baŋgi |
| drugshandelaar (de) | баңгизат сатуучу | baŋgizat satuutʃu |

opblazen (ww)	жардыруу	dʒardıruu
explosie (de)	жарылуу	dʒarıluu
in brand steken (ww)	өрттөө	ørttøø
brandstichter (de)	өрттөөчү	ørttøøtʃy
terrorisme (het)	терроризм	terrorizm
terrorist (de)	террорист	terrorist

gijzelaar (de)	заложник	zalodʒnik
bedriegen (ww)	алдоо	aldoo
bedrog (het)	алдамчылык	aldamtʃılık
oplichter (de)	алдамчы	aldamtʃı

omkopen (ww)	сатып алуу	satıp aluu
omkoperij (de)	сатып алуу	satıp aluu
smeergeld (het)	пара	para

vergif (het)	уу	uu
vergiftigen (ww)	ууландыруу	uulandıruu
vergif innemen (ww)	ууланууу	uulanuu

| zelfmoord (de) | жанын кыюу | dʒanın kıdʒuu |
| zelfmoordenaar (de) | жанын кыйгыч | dʒanın kıjgıtʃ |

bedreigen (bijv. met een pistool)	коркутуу	korkutuu
bedreiging (de)	коркунуч	korkunutʃ
een aanslag plegen	кол салуу	kol saluu
aanslag (de)	кол салуу	kol saluu

| stelen (een auto) | айдап кетүү | ajdap ketyy |
| kapen (een vliegtuig) | ала качуу | ala katʃuu |

| wraak (de) | кек | kek |
| wreken (ww) | өч алуу | øtʃ aluu |

martelen (gevangenen)	кыйноо	kıjnoo
foltering (de)	кыйноо	kıjnoo
folteren (ww)	азапка салуу	azapka saluu

piraat (de)	деңиз каракчысы	deŋiz karaktʃısı
straatschender (de)	бейбаш	bejbaʃ
gewapend (bn)	куралданган	kuraldangan
geweld (het)	зордук	zorduk
onwettig (strafbaar)	мыйзамдан тыш	mıjzamdan tıʃ

| spionage (de) | тыңчылык | tıŋtʃılık |
| spioneren (ww) | тыңчылык кылуу | tıŋtʃılık kıluu |

120. Politie. Wet. Deel 1

| justitie (de) | адилеттүү сот | adilettyy sot |
| gerechtshof (het) | сот | sot |

rechter (de)	сот	sot
jury (de)	сот калыстары	sot kalıstarı
juryrechtspraak (de)	калыстар соту	sot
berechten (ww)	сотко тартуу	sotko tartuu

| advocaat (de) | жактоочу | dʒaktootʃu |
| beklaagde (de) | сот жообуна тартылган киши | sot dʒoobuna tartılgan kiʃi |

beklaagdenbank (de)	соттуулар отуруучу орун	sottuular oturuutʃu orun
beschuldiging (de)	айыптоо	ajıptoo
beschuldigde (de)	айыпталуучу	ajıptaluutʃu

vonnis (het)	өкүм	økym
veroordelen	өкүм чыгаруу	økym tʃıgaruu
(in een rechtszaak)		

schuldige (de)	күнөөкөр	kynøøkør
straffen (ww)	жазалоо	dʒazaloo
bestraffing (de)	жаза	dʒaza

boete (de)	айып	ajıp
levenslange opsluiting (de)	өмүр бою	ømyr bojʉ
doodstraf (de)	өлүм жазасы	ølym dʒazası
elektrische stoel (de)	электр столу	elektr stolu
schavot (het)	дарга	darga

| executeren (ww) | өлүм жазасын аткаруу | ølym dʒazasın atkaruu |
| executie (de) | өлүм жазасын аткаруу | ølym dʒazasın atkaruu |

| gevangenis (de) | түрмө | tyrmø |
| cel (de) | камера | kamera |

konvooi (het)	конвой	konvoj
gevangenisbewaker (de)	түрмө сакчысы	tyrmø saktʃısı
gedetineerde (de)	камактагы адам	kamaktagı adam

| handboeien (mv.) | кишен | kiʃen |
| handboeien omdoen | кишен кийгизүү | kiʃen kijgizyy |

ontsnapping (de)	качуу	katʃuu
ontsnappen (ww)	качуу	katʃuu
verdwijnen (ww)	жоголуп кетүү	dʒogolup ketyy
vrijlaten (uit de gevangenis)	бошотуу	boʃotuu
amnestie (de)	амнистия	amnistija

politie (de)	полиция	politsija
politieagent (de)	полиция кызматкери	politsija kızmatkeri
politiebureau (het)	полиция бөлүмү	politsija bølymy

| knuppel (de) | резина союлчасы | rezina sojʉltʃası |
| megafoon (de) | керней | kernej |

| patrouilleerwagen (de) | жол күзөт машинасы | dʒol kyzøt maʃinası |
| sirene (de) | сирена | sirena |

| de sirene aansteken | сирананы басуу | sirenanı basuu |
| geloei (het) van de sirene | сиренанын боздошу | sirenanın bozdoʃu |

plaats delict (de)	кылмыш болгон жер	kılmıʃ bolgon dʒer
getuige (de)	күбө	kybø
vrijheid (de)	эркиндик	erkindik
handlanger (de)	шерик	ʃerik
ontvluchten (ww)	из жашыруу	iz dʒaʃıruu
spoor (het)	из	iz

121. Politie. Wet. Deel 2

opsporing (de)	издөө	izdøø
opsporen (ww)	... издөө	... izdøø
verdenking (de)	шек	ʃek
verdacht (bn)	шектүү	ʃektyy
aanhouden (stoppen)	токтотуу	toktotuu
tegenhouden (ww)	кармоо	karmoo
strafzaak (de)	иш	iʃ
onderzoek (het)	териштирүү	teriʃtiryy
detective (de)	аңдуучу	aŋduutʃu
onderzoeksrechter (de)	тергөөчү	tergøøtʃy
versie (de)	жоромол	dʒoromol
motief (het)	себеп	sebep
verhoor (het)	сурак	surak
ondervragen (door de politie)	суракка алуу	surakka aluu
ondervragen (omstanders ~)	сураштыруу	suraʃtıruu
controle (de)	текшерүү	tekʃeryy
razzia (de)	тегеректөө	tegerektøø
huiszoeking (de)	тинтүү	tintyy
achtervolging (de)	куу	kuu
achtervolgen (ww)	изине түшүү	izine tyʃyy
opsporen (ww)	изине түшүү	izine tyʃyy
arrest (het)	камак	kamak
arresteren (ww)	камакка алуу	kamakka aluu
vangen, aanhouden (een dief, enz.)	кармоо	karmoo
aanhouding (de)	колго түшүрүү	kolgo tyʃyryy
document (het)	документ	dokument
bewijs (het)	далил	dalil
bewijzen (ww)	далилдөө	dalildøø
voetspoor (het)	из	iz
vingerafdrukken (mv.)	манжанын изи	mandʒanın izi
bewijs (het)	далил	dalil
alibi (het)	алиби	alibi
onschuldig (bn)	бейкүнөө	bejkynøø
onrecht (het)	адилетсиздик	adiletsizdik
onrechtvaardig (bn)	адилетсиз	adiletsiz
crimineel (bn)	кылмыштуу	kılmıʃtuu
confisqueren (in beslag nemen)	тартып алуу	tartıp aluu
drug (de)	баңгизат	baŋgizat
wapen (het)	курал	kural
ontwapenen (ww)	куралсыздандыруу	kuralsızdandıruu
bevelen (ww)	буйрук берүү	bujruk beryy
verdwijnen (ww)	жоголуп кетүү	dʒogolup ketyy
wet (de)	мыйзам	mıjzam
wettelijk (bn)	мыйзамдуу	mıjzamduu

onwettelijk (bn)	мыйзамдан тыш	mıjzamdan tıʃ
verantwoordelijkheid (de)	жоопкерчилик	ʤoopkertʃilik
verantwoordelijk (bn)	жоопкерчиликтүү	ʤoopkertʃiliktyy

NATUUR

De Aarde. Deel 1

122. De kosmische ruimte

kosmos (de)	космос	kosmos
kosmisch (bn)	космос	kosmos
kosmische ruimte (de)	космос мейкиндиги	kosmos mejkindigi
wereld (de)	дүйнө	dyjnø
heelal (het)	аалам	aalam
sterrenstelsel (het)	галактика	galaktika
ster (de)	жылдыз	dʒıldız
sterrenbeeld (het)	жылдыздар	dʒıldızdar
planeet (de)	планета	planeta
satelliet (de)	жолдош	dʒoldoʃ
meteoriet (de)	метеорит	meteorit
komeet (de)	комета	kometa
asteroïde (de)	астероид	asteroid
baan (de)	орбита	orbita
draaien (om de zon, enz.)	айлануу	ajlanuu
atmosfeer (de)	атмосфера	atmosfera
Zon (de)	күн	kyn
zonnestelsel (het)	күн системасы	kyn sisteması
zonsverduistering (de)	күндүн тутулушу	kyndyn tutuluʃu
Aarde (de)	Жер	dʒer
Maan (de)	Ай	aj
Mars (de)	Марс	mars
Venus (de)	Венера	venera
Jupiter (de)	Юпитер	jupiter
Saturnus (de)	Сатурн	saturn
Mercurius (de)	Меркурий	merkurij
Uranus (de)	Уран	uran
Neptunus (de)	Нептун	neptun
Pluto (de)	Плутон	pluton
Melkweg (de)	Саманчынын жолу	samantʃının dʒolu
Grote Beer (de)	Чоң Жетиген	tʃoŋ dʒetigen
Poolster (de)	Полярдык Жылдыз	polʲardık dʒıldız
marsmannetje (het)	марсианин	marsianin
buitenaards wezen (het)	инопланетянин	inoplanetʲanin

| bovenaards (het) | келгин | kelgin |
| vliegende schotel (de) | учуучу табак | utʃuutʃu tabak |

ruimtevaartuig (het)	космос кемеси	kosmos kemesi
ruimtestation (het)	орбитадагы станция	orbitadagı stantsija
start (de)	старт	start

motor (de)	кыймылдаткыч	kıjmıldatkıtʃ
straalpijp (de)	сопло	soplo
brandstof (de)	күйүүчү май	kyjyytʃy may

cabine (de)	кабина	kabina
antenne (de)	антенна	antenna
patrijspoort (de)	иллюминатор	illüminator
zonnebatterij (de)	күн батареясы	kyn batarejası
ruimtepak (het)	скафандр	skafandr

| gewichtloosheid (de) | салмаксыздык | salmaksızdık |
| zuurstof (de) | кислород | kislorod |

| koppeling (de) | жалгаштыруу | dʒalgaʃtıruu |
| koppeling maken | жалгаштыруу | dʒalgaʃtıruu |

observatorium (het)	обсерватория	observatorija
telescoop (de)	телескоп	teleskop
waarnemen (ww)	байкоо	bajkoo
exploreren (ww)	изилдөө	izildøø

123. De Aarde

Aarde (de)	Жер	dʒer
aardbol (de)	жер шары	dʒer ʃarı
planeet (de)	планета	planeta

atmosfeer (de)	атмосфера	atmosfera
aardrijkskunde (de)	география	geografija
natuur (de)	табийгат	tabijgat

wereldbol (de)	глобус	globus
kaart (de)	карта	karta
atlas (de)	атлас	atlas

| Europa (het) | Европа | evropa |
| Azië (het) | Азия | azija |

| Afrika (het) | Африка | afrika |
| Australië (het) | Австралия | avstralija |

Amerika (het)	Америка	amerika
Noord-Amerika (het)	Северная Америка	severnaja amerika
Zuid-Amerika (het)	Южная Америка	jüdʒnaja amerika

| Antarctica (het) | Антарктида | antarktida |
| Arctis (de) | Арктика | arktika |

124. Windrichtingen

noorden (het)	түндүк	tyndyk
naar het noorden	түндүккө	tyndykkø
in het noorden	түндүктө	tyndyktø
noordelijk (bn)	түндүк	tyndyk
zuiden (het)	түштүк	tyʃtyk
naar het zuiden	түштүккө	tyʃtykkø
in het zuiden	түштүктө	tyʃtyktø
zuidelijk (bn)	түштүк	tyʃtyk
westen (het)	батыш	batıʃ
naar het westen	батышка	batıʃka
in het westen	батышта	batıʃta
westelijk (bn)	батыш	batıʃ
oosten (het)	чыгыш	ʧıgıʃ
naar het oosten	чыгышка	ʧıgıʃka
in het oosten	чыгышта	ʧıgıʃta
oostelijk (bn)	чыгыш	ʧıgıʃ

125. Zee. Oceaan

zee (de)	деңиз	deŋiz
oceaan (de)	мухит	muχit
golf (baai)	булуң	buluŋ
straat (de)	кысык	kısık
grond (vaste grond)	жер	dʒer
continent (het)	материк	materik
eiland (het)	арал	aral
schiereiland (het)	жарым арал	dʒarım aral
archipel (de)	архипелаг	arχipelag
baai, bocht (de)	булуң	buluŋ
haven (de)	гавань	gavanʲ
lagune (de)	лагуна	laguna
kaap (de)	тумшук	tumʃuk
atol (de)	атолл	atoll
rif (het)	риф	rif
koraal (het)	маржан	mardʒan
koraalrif (het)	маржан рифи	mardʒan rifi
diep (bn)	терең	tereŋ
diepte (de)	терeңдик	tereŋdik
diepzee (de)	түбү жок	tyby dʒok
trog (bijv. Marianentrog)	ойдуң	ojduŋ
stroming (de)	агым	agım
omspoelen (ww)	курчап туруу	kurʧap turuu

oever (de)	жээк	dʒeek
kust (de)	жээк	dʒeek
vloed (de)	суунун көтөрүлүшү	suunun køtørylyʃy
eb (de)	суунун тартылуусу	suunun tartıluusu
ondiepte (ondiep water)	тайыздык	tajızdık
bodem (de)	суунун түбү	suunun tyby
golf (hoge ~)	толкун	tolkun
golfkam (de)	толкундун кыры	tolkundun kırı
schuim (het)	көбүк	købyk
storm (de)	бороон чапкын	boroon tʃapkın
orkaan (de)	бороон	boroon
tsunami (de)	цунами	tsunami
windstilte (de)	штиль	ʃtilʲ
kalm (bijv. ~e zee)	тынч	tıntʃ
pool (de)	уюл	ujʉl
polair (bn)	полярдык	polʲardık
breedtegraad (de)	кеңдик	keŋdik
lengtegraad (de)	узундук	uzunduk
parallel (de)	параллель	parallelʲ
evenaar (de)	экватор	ekvator
hemel (de)	асман	asman
horizon (de)	горизонт	gorizont
lucht (de)	аба	aba
vuurtoren (de)	маяк	majak
duiken (ww)	сүңгүү	syŋgyy
zinken (ov. een boot)	чөгүп кетүү	tʃøgyp ketyy
schatten (mv.)	казына	kazına

126. Namen van zeeën en oceanen

Atlantische Oceaan (de)	Атлантика мухити	atlantika muχiti
Indische Oceaan (de)	Индия мухити	indija muχiti
Stille Oceaan (de)	Тынч мухити	tıntʃ muχiti
Noordelijke IJszee (de)	Түндүк Муз мухити	tyndyk muz muχiti
Zwarte Zee (de)	Кара деңиз	kara deŋiz
Rode Zee (de)	Кызыл деңиз	kızıl deŋiz
Gele Zee (de)	Сары деңиз	sarı deŋiz
Witte Zee (de)	Ак деңиз	ak deŋiz
Kaspische Zee (de)	Каспий деңизи	kaspij deŋizi
Dode Zee (de)	Өлүк деңиз	ølyk deŋiz
Middellandse Zee (de)	Жер Ортолук деңиз	dʒer ortoluk deŋiz
Egeïsche Zee (de)	Эгей деңизи	egej deŋizi
Adriatische Zee (de)	Адриатика деңизи	adriatika deŋizi
Arabische Zee (de)	Аравия деңизи	aravija deŋizi

Japanse Zee (de)	Япон деңизи	japon deŋizi
Beringzee (de)	Беринг деңизи	bering deŋizi
Zuid-Chinese Zee (de)	Түштүк-Кытай деңизи	tyʃtyk-kıtaj deŋizi

Koraalzee (de)	Маржан деңизи	mardʒan deŋizi
Tasmanzee (de)	Тасман деңизи	tasman deŋizi
Caribische Zee (de)	Кариб деңизи	karib deŋizi

| Barentszzee (de) | Баренц деңизи | barents deŋizi |
| Karische Zee (de) | Карск деңизи | karsk deŋizi |

Noordzee (de)	Түндүк деңиз	tyndyk deŋiz
Baltische Zee (de)	Балтика деңизи	baltika deŋizi
Noorse Zee (de)	Норвегиялык деңизи	norvegijalık deŋizi

127. Bergen

berg (de)	тоо	too
bergketen (de)	тоо тизмеги	too tizmegi
gebergte (het)	тоо кыркалары	too kırkaları

bergtop (de)	чоку	tʃoku
bergpiek (de)	чоку	tʃoku
voet (ov. de berg)	тоо этеги	too etegi
helling (de)	эңкейиш	eŋkejiʃ

vulkaan (de)	вулкан	vulkan
actieve vulkaan (de)	күйүп жаткан	kyjyp dʒatkan
uitgedoofde vulkaan (de)	өчүп калган вулкан	øtʃyp kalgan vulkan

uitbarsting (de)	атырылып чыгуу	atırılıp tʃıguu
krater (de)	кратер	krater
magma (het)	магма	magma
lava (de)	лава	lava
gloeiend (~e lava)	кызыган	kızıgan

kloof (canyon)	каньон	kanion
bergkloof (de)	капчыгай	kaptʃıgaj
spleet (de)	жарака	dʒaraka
afgrond (de)	жар	dʒar

bergpas (de)	ашуу	aʃuu
plateau (het)	дөңсөө	døŋsøø
klip (de)	зоока	zooka
heuvel (de)	дөбө	døbø

gletsjer (de)	муз	muz
waterval (de)	шаркыратма	ʃarkıratma
geiser (de)	гейзер	gejzer
meer (het)	көл	køl

vlakte (de)	түздүк	tyzdyk
landschap (het)	теребел	terebel
echo (de)	жаңырык	dʒaŋırık

alpinist (de)	альпинист	alʲpinist
bergbeklimmer (de)	скалолаз	skalolaz
trotseren (berg ~)	багындыруу	bagındıruu
beklimming (de)	тоонун чокусуна чыгуу	toonun ʧokusuna ʧıguu

128. Bergen namen

Alpen (de)	Альп тоолору	alʲp tooloru
Mont Blanc (de)	Монблан	monblan
Pyreneeën (de)	Пиреней тоолору	pirenej tooloru
Karpaten (de)	Карпат тоолору	karpat tooloru
Oeralgebergte (het)	Урал тоолору	ural tooloru
Kaukasus (de)	Кавказ тоолору	kavkaz tooloru
Elbroes (de)	Эльбрус	elʲbrus
Altaj (de)	Алтай тоолору	altaj tooloru
Tiensjan (de)	Тянь-Шань	tjanʲ-ʃanʲ
Pamir (de)	Памир тоолору	pamir tooloru
Himalaya (de)	Гималай тоолору	gimalaj tooloru
Everest (de)	Эверест	everest
Andes (de)	Анд тоолору	and tooloru
Kilimanjaro (de)	Килиманджаро	kilimandʒaro

129. Rivieren

rivier (de)	дарыя	darıja
bron (~ van een rivier)	булак	bulak
rivierbedding (de)	сай	saj
rivierbekken (het)	бассейн	bassejn
uitmonden in ...	... куюу	... kujʉu
zijrivier (de)	куйма	kujma
oever (de)	жээк	dʒeek
stroming (de)	агым	agım
stroomafwaarts (bw)	агым боюнча	agım bojʉnʧa
stroomopwaarts (bw)	агымга каршы	agımga karʃı
overstroming (de)	ташкын	taʃkın
overstroming (de)	суу ташкыны	suu taʃkını
buiten zijn oevers treden	дайранын ташышы	dajranın taʃıʃı
overstromen (ww)	суу каптоо	suu kaptoo
zandbank (de)	тайыздык	tajızdık
stroomversnelling (de)	босого	bosogo
dam (de)	тогоон	togoon
kanaal (het)	канал	kanal
spaarbekken (het)	суу сактагыч	suu saktagıʧ
sluis (de)	шлюз	ʃlʉz

waterlichaam (het)	көлмө	kølmø
moeras (het)	саз	saz
broek (het)	баткак	batkak
draaikolk (de)	айлампа	ajlampa

stroom (de)	суу	suu
drink- (abn)	ичилчү суу	itʃiltʃy suu
zoet (~ water)	тузсуз	tuzsuz

| ijs (het) | муз | muz |
| bevriezen (rivier, enz.) | тоңуп калуу | toŋup kaluu |

130. Namen van rivieren

| Seine (de) | Сена | sena |
| Loire (de) | Луара | luara |

Theems (de)	Темза	temza
Rijn (de)	Рейн	rejn
Donau (de)	Дунай	dunaj

Wolga (de)	Волга	volga
Don (de)	Дон	don
Lena (de)	Лена	lena

Gele Rivier (de)	Хуанхэ	χuanχe
Blauwe Rivier (de)	Янцзы	jantszı
Mekong (de)	Меконг	mekong
Ganges (de)	Ганг	gang

Nijl (de)	Нил	nil
Kongo (de)	Конго	kongo
Okavango (de)	Оκαванго	okavango
Zambezi (de)	Замбези	zambezi
Limpopo (de)	Лимпопо	limpopo
Mississippi (de)	Миссисипи	missisipi

131. Bos

| bos (het) | токой | tokoj |
| bos- (abn) | токойлуу | tokojluu |

oerwoud (dicht bos)	чытырман токой	tʃıtırman tokoj
bosje (klein bos)	токойчо	tokojtʃo
open plek (de)	аянт	ajant

| struikgewas (het) | бадал | badal |
| struiken (mv.) | бадал | badal |

paadje (het)	чыйыр жол	tʃıjır dʒol
ravijn (het)	жар	dʒar
boom (de)	дарак	darak

| blad (het) | жалбырак | ʤalbırak |
| gebladerte (het) | жалбырак | ʤalbırak |

vallende bladeren (mv.)	жалбырак түшүү мезгили	ʤalbırak tyʃyy mezgili
vallen (ov. de bladeren)	түшүү	tyʃyy
boomtop (de)	чоку	ʧoku

tak (de)	бутак	butak
ent (de)	бутак	butak
knop (de)	бүчүр	byʧyr
naald (de)	ийне	ijne
dennenappel (de)	тобурчак	toburʧak

boom holte (de)	көңдөй	køŋdøj
nest (het)	уя	uja
hol (het)	ийин	ijin

stam (de)	сөңгөк	søŋgøk
wortel (bijv. boom~s)	тамыр	tamır
schors (de)	кыртыш	kırtıʃ
mos (het)	мох	moχ

ontwortelen (een boom)	дүмүрүн казуу	dymyryn kazuu
kappen (een boom ~)	кыюу	kıjuu
ontbossen (ww)	токойду кыюу	tokojdu kıjuu
stronk (de)	дүмүр	dymyr

kampvuur (het)	от	ot
bosbrand (de)	өрт	ørt
blussen (ww)	өчүрүү	øʧyryy

boswachter (de)	токойчу	tokojʧu
bescherming (de)	өсүмдүктөрдү коргоо	øsymdyktørdy korgoo
beschermen (bijv. de natuur ~)	сактоо	saktoo
stroper (de)	браконьер	brakonjer
val (de)	капкан	kapkan

plukken (paddestoelen ~)	терүү	teryy
plukken (bessen ~)	терүү	teryy
verdwalen (de weg kwijt zijn)	адашып кетүү	adaʃıp ketyy

132. Natuurlijke hulpbronnen

natuurlijke rijkdommen (mv.)	жаратылыш байлыктары	ʤaratılıʃ bajlıktarı
delfstoffen (mv.)	пайдалуу кендер	pajdaluu kender
lagen (mv.)	кен	ken
veld (bijv. olie~)	кендүү жер	kendyy ʤer

winnen (uit erts ~)	казуу	kazuu
winning (de)	казуу	kazuu
erts (het)	кен	ken
mijn (bijv. kolenmijn)	шахта	ʃaχta
mijnschacht (de)	шахта	ʃaχta

mijnwerker (de)	кенчи	kentʃi
gas (het)	газ	gaz
gasleiding (de)	газопровод	gazoprovod

olie (aardolie)	мунайзат	munajzat
olieleiding (de)	мунайзар түтүгү	munajzar tytygy
oliebron (de)	мунайзат скважинасы	munajzat skvadʒinası
boortoren (de)	мунайзат мунарасы	munajzat munarası
tanker (de)	танкер	tanker

zand (het)	кум	kum
kalksteen (de)	акиташ	akitaʃ
grind (het)	шагыл	ʃagıl
veen (het)	торф	torf
klei (de)	ылай	ılaj
steenkool (de)	көмүр	kømyr

ijzer (het)	темир	temir
goud (het)	алтын	altın
zilver (het)	күмүш	kymyʃ
nikkel (het)	никель	nikelʲ
koper (het)	жез	dʒez

zink (het)	цинк	tsınk
mangaan (het)	марганец	marganets
kwik (het)	сымап	sımap
lood (het)	коргошун	korgoʃun

mineraal (het)	минерал	mineral
kristal (het)	кристалл	kristall
marmer (het)	мрамор	mramor
uraan (het)	уран	uran

De Aarde. Deel 2

133. Weer

weer (het)	аба-ырайы	aba-ırajı
weersvoorspelling (de)	аба-ырайы боюнча маалымат	aba-ırajı bojʉntʃa maalımat
temperatuur (de)	температура	temperatura
thermometer (de)	термометр	termometr
barometer (de)	барометр	barometr
vochtig (bn)	нымдуу	nımduu
vochtigheid (de)	ным	nım
hitte (de)	ысык	ısık
heet (bn)	кыйын ысык	kıjın ısık
het is heet	ысык	ısık
het is warm	жылуу	dʒıluu
warm (bn)	жылуу	dʒıluu
het is koud	суук	suuk
koud (bn)	суук	suuk
zon (de)	күн	kyn
schijnen (de zon)	күн тийүү	kyn tijyy
zonnig (~e dag)	күн ачык	kyn atʃık
opgaan (ov. de zon)	чыгуу	tʃıguu
ondergaan (ww)	батуу	batuu
wolk (de)	булут	bulut
bewolkt (bn)	булуттуу	buluttuu
regenwolk (de)	булут	bulut
somber (bn)	күн бүркөк	kyn byrkøk
regen (de)	жамгыр	dʒamgır
het regent	жамгыр жаап жатат	dʒamgır dʒaap dʒatat
regenachtig (bn)	жаандуу	dʒaanduu
motregenen (ww)	дыбыратуу	dıbıratuu
plensbui (de)	нөшөрлөгөн жаан	nøʃørløgøn dʒaan
stortbui (de)	нөшөр	nøʃør
hard (bn)	катуу	katuu
plas (de)	көлчүк	køltʃyk
nat worden (ww)	суу болуу	suu boluu
mist (de)	туман	tuman
mistig (bn)	тумандуу	tumanduu
sneeuw (de)	кар	kar
het sneeuwt	кар жаап жатат	kar dʒaap dʒatat

134. Zwaar weer. Natuurrampen

noodweer (storm)	чагылгандуу жаан	tʃagılganduu dʒaan
bliksem (de)	чагылган	tʃagılgan
flitsen (ww)	жарк этүү	dʒark etyy

donder (de)	күн күркүрөө	kyn kyrkyrøø
donderen (ww)	күн күркүрөө	kyn kyrkyrøø
het dondert	күн күркүрөп жатат	kyn kyrkyrøp dʒatat

| hagel (de) | мөндүр | møndyr |
| het hagelt | мөндүр түшүп жатат | møndyr tyʃyp dʒatat |

| overstromen (ww) | суу каптоо | suu kaptoo |
| overstroming (de) | ташкын | taʃkın |

aardbeving (de)	жер титирөө	dʒer titirøø
aardschok (de)	жердин силкиниши	dʒerdin silkiniʃi
epicentrum (het)	эпицентр	epitsentr

| uitbarsting (de) | атырылып чыгуу | atırılıp tʃıguu |
| lava (de) | лава | lava |

wervelwind (de)	куюн	kujun
windhoos (de)	торнадо	tornado
tyfoon (de)	тайфун	tajfun

orkaan (de)	бороон	boroon
storm (de)	бороон чапкын	boroon tʃapkın
tsunami (de)	цунами	tsunami

cycloon (de)	циклон	tsıklon
onweer (het)	жаан-чачындуу күн	dʒaan-tʃatʃınduu kyn
brand (de)	өрт	ørt
ramp (de)	кыйроо	kıjroo
meteoriet (de)	метеорит	meteorit

lawine (de)	көчкү	køtʃky
sneeuwverschuiving (de)	кар көчкүсү	kar køtʃkysy
sneeuwjacht (de)	кар бороону	kar boroonu
sneeuwstorm (de)	бурганак	burganak

Fauna

135. Zoogdieren. Roofdieren

roofdier (het)	жырткыч	ʤɯrtkɯtʃ
tijger (de)	жолборс	ʤolbors
leeuw (de)	арстан	arstan
wolf (de)	карышкыр	karɯʃkɯr
vos (de)	түлкү	tylky
jaguar (de)	ягуар	jaguar
luipaard (de)	леопард	leopard
jachtluipaard (de)	гепард	gepard
panter (de)	пантера	pantera
poema (de)	пума	puma
sneeuwluipaard (de)	илбирс	ilbirs
lynx (de)	сүлөөсүн	syløøsyn
coyote (de)	койот	kojot
jakhals (de)	чөө	tʃøø
hyena (de)	гиена	giena

136. Wilde dieren

dier (het)	жаныбар	ʤanɯbar
beest (het)	жапайы жаныбар	ʤapajɯ ʤanɯbar
eekhoorn (de)	тыйын чычкан	tɯjɯn tʃɯtʃkan
egel (de)	кирпичечен	kirpitʃetʃen
haas (de)	коен	koen
konijn (het)	коен	koen
das (de)	кашкулак	kaʃkulak
wasbeer (de)	енот	enot
hamster (de)	хомяк	χomʲak
marmot (de)	суур	suur
mol (de)	момолой	momoloj
muis (de)	чычкан	tʃɯtʃkan
rat (de)	келемиш	kelemiʃ
vleermuis (de)	жарганат	ʤarganat
hermelijn (de)	арс чычкан	ars tʃɯtʃkan
sabeldier (het)	киш	kiʃ
marter (de)	суусар	suusar
wezel (de)	ласка	laska
nerts (de)	норка	norka

| bever (de) | кемчет | kemtʃet |
| otter (de) | кундуз | kunduz |

paard (het)	жылкы	dʒɪlkɪ
eland (de)	багыш	bagɪʃ
hert (het)	бугу	bugu
kameel (de)	төө	tøø

bizon (de)	бизон	bizon
wisent (de)	зубр	zubr
buffel (de)	буйвол	bujvol

zebra (de)	зебра	zebra
antilope (de)	антилопа	antilopa
ree (de)	элик	elik
damhert (het)	лань	lanʲ
gems (de)	жейрен	dʒejren
everzwijn (het)	каман	kaman

walvis (de)	кит	kit
rob (de)	тюлень	tɵlenʲ
walrus (de)	морж	mordʒ
zeebeer (de)	деңиз мышыгы	deŋiz mɪʃɪgɪ
dolfijn (de)	дельфин	delʲfin

beer (de)	аюу	ajɵu
ijsbeer (de)	ак аюу	ak ajɵu
panda (de)	панда	panda

aap (de)	маймыл	majmɪl
chimpansee (de)	шимпанзе	ʃimpanze
orang-oetan (de)	орангутанг	orangutang
gorilla (de)	горилла	gorilla
makaak (de)	макака	makaka
gibbon (de)	гиббон	gibbon

olifant (de)	пил	pil
neushoorn (de)	керик	kerik
giraffe (de)	жираф	dʒiraf
nijlpaard (het)	бегемот	begemot

| kangoeroe (de) | кенгуру | kenguru |
| koala (de) | коала | koala |

mangoest (de)	мангуст	mangust
chinchilla (de)	шиншилла	ʃinʃilla
stinkdier (het)	скунс	skuns
stekelvarken (het)	чүткөр	tʃytkør

137. Huisdieren

poes (de)	ургаачы мышык	urgaatʃɪ mɪʃɪk
kater (de)	эркек мышык	erkek mɪʃɪk
hond (de)	ит	it

paard (het)	жылкы	dʒılkı
hengst (de)	айгыр	ajgır
merrie (de)	бээ	bee
koe (de)	уй	uj
bul, stier (de)	бука	buka
os (de)	өгүз	øgyz
schaap (het)	кой	koj
ram (de)	кочкор	kotʃkor
geit (de)	эчки	etʃki
bok (de)	теке	teke
ezel (de)	эшек	eʃek
muilezel (de)	качыр	katʃır
varken (het)	чочко	tʃotʃko
biggetje (het)	торопой	toropoj
konijn (het)	коен	koen
kip (de)	тоок	took
haan (de)	короз	koroz
eend (de)	өрдөк	ørdøk
woerd (de)	эркек өрдөк	erkek ørdøk
gans (de)	каз	kaz
kalkoen haan (de)	күрп	kyrp
kalkoen (de)	ургаачы күрп	urgaatʃı kyrp
huisdieren (mv.)	үй жаныбарлары	yj dʒanıbarları
tam (bijv. hamster)	колго үйрөтүлгөн	kolgo yjrøtylgøn
temmen (tam maken)	колго үйрөтүү	kolgo yjrøtyy
fokken (bijv. paarden ~)	өстүрүү	østyryy
boerderij (de)	ферма	ferma
gevogelte (het)	үй канаттулары	yj kanattuları
rundvee (het)	мал	mal
kudde (de)	бада	bada
paardenstal (de)	аткана	atkana
zwijnenstal (de)	чочкокана	tʃotʃkokana
koeienstal (de)	уйкана	ujkana
konijnenhok (het)	коенкана	koenkana
kippenhok (het)	тоокана	tookana

138. Vogels

vogel (de)	куш	kuʃ
duif (de)	көгүчкөн	køgytʃkøn
mus (de)	таранчы	tarantʃı
koolmees (de)	синица	sinitsa
ekster (de)	сагызган	sagızgan
raaf (de)	кузгун	kuzgun

kraai (de)	карга	karga
kauw (de)	таан	taan
roek (de)	чаркарга	tʃarkarga
eend (de)	өрдөк	ørdøk
gans (de)	каз	kaz
fazant (de)	кыргоол	kɪrgool
arend (de)	бүркүт	byrkyt
havik (de)	ителги	itelgi
valk (de)	шумкар	ʃumkar
gier (de)	жору	dʒoru
condor (de)	кондор	kondor
zwaan (de)	аккуу	akkuu
kraanvogel (de)	турна	turna
ooievaar (de)	илегилек	ilegilek
papegaai (de)	тотукуш	totukuʃ
kolibrie (de)	колибри	kolibri
pauw (de)	тоос	toos
struisvogel (de)	төө куш	tøø kuʃ
reiger (de)	көк кытан	køk kɪtan
flamingo (de)	фламинго	flamingo
pelikaan (de)	биргазан	birgazan
nachtegaal (de)	булбул	bulbul
zwaluw (de)	чабалекей	tʃabalekej
lijster (de)	таркылдак	tarkɪldak
zanglijster (de)	сайрагыч таркылдак	sajragɪtʃ tarkɪldak
merel (de)	кара таңдай таркылдак	kara taŋdaj tarkɪldak
gierzwaluw (de)	кардыгач	kardɪgatʃ
leeuwerik (de)	торгой	torgoj
kwartel (de)	бөдөнө	bødønø
specht (de)	тоңкулдак	toŋkuldak
koekoek (de)	күкүк	kykyk
uil (de)	мыкый үкү	mɪkɪj yky
oehoe (de)	үкү	yky
auerhoen (het)	керең кур	kereŋ kur
korhoen (het)	кара кур	kara kur
patrijs (de)	кекилик	kekilik
spreeuw (de)	чыйырчык	tʃɪjɪrtʃɪk
kanarie (de)	канарейка	kanarejka
hazelhoen (het)	токой чили	tokoj tʃili
vink (de)	зяблик	zʲablik
goudvink (de)	снегирь	snegirʲ
meeuw (de)	ак чардак	ak tʃardak
albatros (de)	альбатрос	alʲbatros
pinguïn (de)	пингвин	pingvin

139. Vis. Zeedieren

brasem (de)	лещ	leʃtʃ
karper (de)	карп	karp
baars (de)	окунь	okunʲ
meerval (de)	жаян	dʒajan
snoek (de)	чортон	tʃorton

zalm (de)	лосось	lososʲ
steur (de)	осётр	osʲotr

haring (de)	сельдь	selʲdʲ
atlantische zalm (de)	сёмга	sʲomga
makreel (de)	скумбрия	skumbrija
platvis (de)	камбала	kambala

snoekbaars (de)	судак	sudak
kabeljauw (de)	треска	treska
tonijn (de)	тунец	tunets
forel (de)	форель	forelʲ

paling (de)	угорь	ugorʲ
sidderrog (de)	скат	skat
murene (de)	мурена	murena
piranha (de)	пиранья	piranja

haai (de)	акула	akula
dolfijn (de)	дельфин	delʲfin
walvis (de)	кит	kit

krab (de)	краб	krab
kwal (de)	медуза	meduza
octopus (de)	сегиз бут	segiz but

zeester (de)	деңиз жылдызы	deŋiz dʒıldızı
zee-egel (de)	деңиз кирписи	deŋiz kirpisi
zeepaardje (het)	деңиз тайы	deŋiz tajı

oester (de)	устрица	ustritsa
garnaal (de)	креветка	krevetka
kreeft (de)	омар	omar
langoest (de)	лангуст	langust

140. Amfibieën. Reptielen

slang (de)	жылан	dʒılan
giftig (slang)	уулуу	uuluu

adder (de)	кара чаар жылан	kara tʃaar dʒılan
cobra (de)	кобра	kobra
python (de)	питон	piton
boa (de)	удав	udav
ringslang (de)	сары жылан	sarı dʒılan

ratelslang (de)	шакылдак жылан	ʃakıldak dʒılan
anaconda (de)	анаконда	anakonda
hagedis (de)	кескелдирик	keskeldirik
leguaan (de)	игуана	iguana
varaan (de)	эчкемер	etʃkemer
salamander (de)	саламандра	salamandra
kameleon (de)	хамелеон	χameleon
schorpioen (de)	чаян	tʃajan
schildpad (de)	ташбака	taʃbaka
kikker (de)	бака	baka
pad (de)	курбака	kurbaka
krokodil (de)	крокодил	krokodil

141. Insecten

insect (het)	курт-кумурска	kurt-kumurska
vlinder (de)	көпөлөк	køpøløk
mier (de)	кумурска	kumurska
vlieg (de)	чымын	tʃımın
mug (de)	чиркей	tʃirkej
kever (de)	коңуз	koŋuz
wesp (de)	аары	aarı
bij (de)	бал аары	bal aarı
hommel (de)	жапан аары	dʒapan aarı
horzel (de)	көгөөн	køgøøn
spin (de)	жөргөмүш	dʒørgømyʃ
spinnenweb (het)	желе	dʒele
libel (de)	ийнелик	ijnelik
sprinkhaan (de)	чегиртке	tʃegirtke
nachtvlinder (de)	көпөлөк	køpøløk
kakkerlak (de)	таракан	tarakan
teek (de)	кене	kene
vlo (de)	бүргө	byrgø
kriebelmug (de)	майда чымын	majda tʃımın
treksprinkhaan (de)	чегиртке	tʃegirtke
slak (de)	уулул	ylyl
krekel (de)	кара чегиртке	kara tʃegirtke
glimworm (de)	жалтырак коңуз	dʒaltırak koŋuz
lieveheersbeestje (het)	айланкөчөк	ajlankøtʃøk
meikever (de)	саратан коңуз	saratan koŋuz
bloedzuiger (de)	сүлүк	sylyk
rups (de)	каз таман	kaz taman
aardworm (de)	жер курту	dʒer kurtu
larve (de)	курт	kurt

Flora

142. Bomen

boom (de)	дарак	darak
loof- (abn)	жалбырактуу	dʒalbıraktuu
dennen- (abn)	ийне жалбырактуулар	ijne dʒalbıraktuular
groenblijvend (bn)	дайым жашыл	dajım dʒaʃıl
appelboom (de)	алма бак	alma bak
perenboom (de)	алмурут бак	almurut bak
zoete kers (de)	гилас	gilas
zure kers (de)	алча	altʃa
pruimelaar (de)	кара өрүк	kara ørүk
berk (de)	ак кайың	ak kajıŋ
eik (de)	эмен	emen
linde (de)	жөкө дарак	dʒøkø darak
esp (de)	бай терек	baj terek
esdoorn (de)	клён	klʲon
spar (de)	кара карагай	kara karagaj
den (de)	карагай	karagaj
lariks (de)	лиственница	listvennitsa
zilverspar (de)	пихта	pixta
ceder (de)	кедр	kedr
populier (de)	терек	terek
lijsterbes (de)	четин	tʃetin
wilg (de)	мажурүм тал	madʒyrym tal
els (de)	ольха	olʲxa
beuk (de)	бук	buk
iep (de)	кара жыгач	kara dʒıgatʃ
es (de)	ясень	jasenʲ
kastanje (de)	каштан	kaʃtan
magnolia (de)	магнолия	magnolija
palm (de)	пальма	palʲma
cipres (de)	кипарис	kiparis
mangrove (de)	мангро дарагы	mangro daragı
baobab (apenbroodboom)	баобаб	baobab
eucalyptus (de)	эвкалипт	evkalipt
mammoetboom (de)	секвойя	sekvoja

143. Heesters

struik (de)	бадал	badal
heester (de)	бадал	badal

wijnstok (de)	жүзүм	ʤyzym
wijngaard (de)	жүзүмдүк	ʤyzymdyk
frambozenstruik (de)	дан куурай	dan kuuraj
zwarte bes (de)	кара карагат	kara karagat
rode bessenstruik (de)	кызыл карагат	kızıl karagat
kruisbessenstruik (de)	крыжовник	krıʤovnik
acacia (de)	акация	akaʦija
zuurbes (de)	бөрү карагат	børy karagat
jasmijn (de)	жасмин	ʤasmin
jeneverbes (de)	кара арча	kara arʧa
rozenstruik (de)	роза бадалы	roza badalı
hondsroos (de)	ит мурун	it murun

144. Vruchten. Bessen

vrucht (de)	мөмө-жемиш	mømø-ʤemiʃ
vruchten (mv.)	мөмө-жемиш	mømø-ʤemiʃ
appel (de)	алма	alma
peer (de)	алмурут	almurut
pruim (de)	кара өрүк	kara øryk
aardbei (de)	кулпунай	kulpunaj
zure kers (de)	алча	alʧa
zoete kers (de)	гилас	gilas
druif (de)	жүзүм	ʤyzym
framboos (de)	дан куурай	dan kuuraj
zwarte bes (de)	кара карагат	kara karagat
rode bes (de)	кызыл карагат	kızıl karagat
kruisbes (de)	крыжовник	krıʤovnik
veenbes (de)	клюква	klʉkva
sinaasappel (de)	апельсин	apelʲsin
mandarijn (de)	мандарин	mandarin
ananas (de)	ананас	ananas
banaan (de)	банан	banan
dadel (de)	курма	kurma
citroen (de)	лимон	limon
abrikoos (de)	өрүк	øryk
perzik (de)	шабдаалы	ʃabdaalı
kiwi (de)	киви	kivi
grapefruit (de)	грейпфрут	grejpfrut
bes (de)	жер жемиш	ʤer ʤemiʃ
bessen (mv.)	жер жемиштер	ʤer ʤemiʃter
vossenbes (de)	брусника	brusnika
bosaardbei (de)	кызылгат	kızılgat
blauwe bosbes (de)	кара моюл	kara mojʉl

145. Bloemen. Planten

bloem (de)	гүл	gyl
boeket (het)	десте	deste
roos (de)	роза	roza
tulp (de)	жоогазын	dʒoogazın
anjer (de)	гвоздика	gvozdika
gladiool (de)	гладиолус	gladiolus
korenbloem (de)	ботокөз	botokøz
klokje (het)	коңгуроо гүл	koŋguroo gyl
paardenbloem (de)	каакым-кукум	kaakım-kukum
kamille (de)	ромашка	romaʃka
aloë (de)	алоэ	aloe
cactus (de)	кактус	kaktus
ficus (de)	фикус	fikus
lelie (de)	лилия	lilija
geranium (de)	герань	geranʲ
hyacint (de)	гиацинт	giatsint
mimosa (de)	мимоза	mimoza
narcis (de)	нарцисс	nartsiss
Oost-Indische kers (de)	настурция	nasturtsija
orchidee (de)	орхидея	orχideja
pioenroos (de)	пион	pion
viooltje (het)	бинапша	binapʃa
driekleurig viooltje (het)	алагүл	alagyl
vergeet-mij-nietje (het)	незабудка	nezabudka
madeliefje (het)	маргаритка	margaritka
papaver (de)	кызгалдак	kızgaldak
hennep (de)	наша	naʃa
munt (de)	жалбыз	dʒalbız
lelietje-van-dalen (het)	ландыш	landıʃ
sneeuwklokje (het)	байчечекей	bajtʃetʃekej
brandnetel (de)	чалкан	tʃalkan
veldzuring (de)	ат кулак	at kulak
waterlelie (de)	чөмүч баш	tʃømytʃ baʃ
varen (de)	папоротник	paporotnik
korstmos (het)	лишайник	liʃajnik
oranjerie (de)	күнөскана	kynøskana
gazon (het)	газон	gazon
bloemperk (het)	клумба	klumba
plant (de)	өсүмдүк	øsymdyk
gras (het)	чөп	tʃøp
grasspriet (de)	бир тал чөп	bir tal tʃøp

blad (het)	жалбырак	dʒalbɪrak
bloemblad (het)	гүлдүн желекчеси	gyldyn dʒelektʃesi
stengel (de)	сабак	sabak
knol (de)	жемиш тамыр	dʒemiʃ tamɪr

| scheut (de) | өсмө | øsmø |
| doorn (de) | тикен | tiken |

bloeien (ww)	гүлдөө	gyldøø
verwelken (ww)	соолуу	sooluu
geur (de)	жыт	dʒɪt
snijden (bijv. bloemen ~)	кесүү	kesyy
plukken (bloemen ~)	үзүү	yzyy

146. Granen, graankorrels

graan (het)	дан	dan
graangewassen (mv.)	дан эгиндери	dan eginderi
aar (de)	машак	maʃak

tarwe (de)	буудай	buudaj
rogge (de)	кара буудай	kara buudaj
haver (de)	сулу	sulu
gierst (de)	таруу	taruu
gerst (de)	арпа	arpa

maïs (de)	жүгөрү	dʒygøry
rijst (de)	күрүч	kyrytʃ
boekweit (de)	гречиха	gretʃixa

erwt (de)	нокот	nokot
nierboon (de)	төө буурчак	tøø buurtʃak
soja (de)	соя	soja
linze (de)	жасмык	dʒasmɪk
bonen (mv.)	буурчак	buurtʃak

LANDEN. NATIONALITEITEN

147. West-Europa

Europa (het)	Европа	evropa
Europese Unie (de)	Европа Биримдиги	evropa birimdigi
Oostenrijk (het)	Австрия	avstrija
Groot-Brittannië (het)	Улуу Британия	uluu britanija
Engeland (het)	Англия	anglija
België (het)	Бельгия	belʲgija
Duitsland (het)	Германия	germanija
Nederland (het)	Нидерланддар	niderlanddar
Holland (het)	Голландия	gollandija
Griekenland (het)	Греция	gretsija
Denemarken (het)	Дания	danija
Ierland (het)	Ирландия	irlandija
IJsland (het)	Исландия	islandija
Spanje (het)	Испания	ispanija
Italië (het)	Италия	italija
Cyprus (het)	Кипр	kipr
Malta (het)	Мальта	malʲta
Noorwegen (het)	Норвегия	norvegija
Portugal (het)	Португалия	portugalija
Finland (het)	Финляндия	finlʲandija
Frankrijk (het)	Франция	frantsija
Zweden (het)	Швеция	ʃvetsija
Zwitserland (het)	Швейцария	ʃvejtsarija
Schotland (het)	Шотландия	ʃotlandija
Vaticaanstad (de)	Ватикан	vatikan
Liechtenstein (het)	Лихтенштейн	liχtenʃtejn
Luxemburg (het)	Люксембург	lʉksemburg
Monaco (het)	Монако	monako

148. Centraal- en Oost-Europa

Albanië (het)	Албания	albanija
Bulgarije (het)	Болгария	bolgarija
Hongarije (het)	Венгрия	vengrija
Letland (het)	Латвия	latvija
Litouwen (het)	Литва	litva
Polen (het)	Польша	polʲʃa

Roemenië (het)	Румыния	rumınija
Servië (het)	Сербия	serbija
Slowakije (het)	Словакия	slovakija

Kroatië (het)	Хорватия	χorvatija
Tsjechië (het)	Чехия	ʧeχija
Estland (het)	Эстония	estonija

Bosnië en Herzegovina (het)	Босния жана	bosnija dʒana
Macedonië (het)	Македония	makedonija
Slovenië (het)	Словения	slovenija
Montenegro (het)	Черногория	ʧernogorija

149. Voormalige USSR landen

| Azerbeidzjan (het) | Азербайжан | azerbajdʒan |
| Armenië (het) | Армения | armenija |

Wit-Rusland (het)	Беларусь	belarusʲ
Georgië (het)	Грузия	gruzija
Kazakstan (het)	Казакстан	kazakstan
Kirgizië (het)	Кыргызстан	kırgızstan
Moldavië (het)	Молдова	moldova

| Rusland (het) | Россия | rossija |
| Oekraïne (het) | Украина | ukraina |

Tadzjikistan (het)	Тажикистан	tadʒikistan
Turkmenistan (het)	Туркмения	turkmenija
Oezbekistan (het)	Өзбекистан	øzbekistan

150. Azië

Azië (het)	Азия	azija
Vietnam (het)	Вьетнам	vjetnam
India (het)	Индия	indija
Israël (het)	Израиль	izrailʲ

China (het)	Кытай	kıtaj
Libanon (het)	Ливан	livan
Mongolië (het)	Монголия	mongolija

| Maleisië (het) | Малазия | malazija |
| Pakistan (het) | Пакистан | pakistan |

Saoedi-Arabië (het)	Сауд Аравиясы	saud aravijası
Thailand (het)	Таиланд	tailand
Taiwan (het)	Тайвань	tajvanʲ
Turkije (het)	Түркия	tyrkija
Japan (het)	Япония	japonija
Afghanistan (het)	Ооганстан	ooganstan
Bangladesh (het)	Бангладеш	bangladeʃ

Indonesië (het)	Индонезия	indonezija
Jordanië (het)	Иордания	iordanija
Irak (het)	Ирак	irak
Iran (het)	Иран	iran
Cambodja (het)	Камбожа	kamboʤa
Koeweit (het)	Кувейт	kuvejt
Laos (het)	Лаос	laos
Myanmar (het)	Мьянма	mjanma
Nepal (het)	Непал	nepal
Verenigde Arabische Emiraten	Бириккен Араб Эмираттары	birikken arab emirattarı
Syrië (het)	Сирия	sirija
Palestijnse autonomie (de)	Палестина	palestina
Zuid-Korea (het)	Түштүк Корея	tyʃtyk koreja
Noord-Korea (het)	Түндүк Корея	tundyk koreja

151. Noord-Amerika

Verenigde Staten van Amerika	Америка Кошмо Штаттары	amerika koʃmo ʃtattarı
Canada (het)	Канада	kanada
Mexico (het)	Мексика	meksika

152. Midden- en Zuid-Amerika

Argentinië (het)	Аргентина	argentina
Brazilië (het)	Бразилия	brazilija
Colombia (het)	Колумбия	kolumbija
Cuba (het)	Куба	kuba
Chili (het)	Чили	tʃili
Bolivia (het)	Боливия	bolivija
Venezuela (het)	Венесуэла	venesuela
Paraguay (het)	Парагвай	paragvaj
Peru (het)	Перу	peru
Suriname (het)	Суринам	surinam
Uruguay (het)	Уругвай	urugvaj
Ecuador (het)	Эквадор	ekvador
Bahama's (mv.)	Багам аралдары	bagam araldarı
Haïti (het)	Гаити	gaiti
Dominicaanse Republiek (de)	Доминикан Республикасы	dominikan respublikası
Panama (het)	Панама	panama
Jamaica (het)	Ямайка	jamajka

153. Afrika

Egypte (het)	Египет	egipet
Marokko (het)	Марокко	marokko
Tunesië (het)	Тунис	tunis
Ghana (het)	Гана	gana
Zanzibar (het)	Занзибар	zanzibar
Kenia (het)	Кения	kenija
Libië (het)	Ливия	livija
Madagaskar (het)	Мадагаскар	madagaskar
Namibië (het)	Намибия	namibija
Senegal (het)	Сенегал	senegal
Tanzania (het)	Танзания	tanzanija
Zuid-Afrika (het)	ТАР	tar

154. Australië. Oceanië

Australië (het)	Австралия	avstralija
Nieuw-Zeeland (het)	Жаңы Зеландия	dʒaŋı zelandija
Tasmanië (het)	Тасмания	tasmanija
Frans-Polynesië	Француз Полинезиясы	frantsuz polinezijası

155. Steden

Amsterdam	Амстердам	amsterdam
Ankara	Анкара	ankara
Athene	Афина	afina
Bagdad	Багдад	bagdad
Bangkok	Бангкок	bangkok
Barcelona	Барселона	barselona
Beiroet	Бейрут	bejrut
Berlijn	Берлин	berlin
Boedapest	Будапешт	budapeʃt
Boekarest	Бухарест	buχarest
Bombay, Mumbai	Бомбей	bombej
Bonn	Бонн	bonn
Bordeaux	Бордо	bordo
Bratislava	Братислава	bratislava
Brussel	Брюссель	brusselʲ
Caïro	Каир	kair
Calcutta	Калькутта	kalʲkutta
Chicago	Чикаго	tʃikago
Dar Es Salaam	Дар-эс-Салам	dar-es-salam
Delhi	Дели	deli
Den Haag	Гаага	gaaga

Dubai	Дубай	dubaj
Dublin	Дублин	dublin
Düsseldorf	Дюссельдорф	dusselʲdorf
Florence	Флоренция	florentsija
Frankfort	Франкфурт	frankfurt
Genève	Женева	dʒeneva
Hamburg	Гамбург	gamburg
Hanoi	Ханой	χanoj
Havana	Гавана	gavana
Helsinki	Хельсинки	χelʲsinki
Hiroshima	Хиросима	χirosima
Hongkong	Гонконг	gonkong
Istanbul	Стамбул	stambul
Jeruzalem	Иерусалим	ierusalim
Kiev	Киев	kiev
Kopenhagen	Копенгаген	kopengagen
Kuala Lumpur	Куала-Лумпур	kuala-lumpur
Lissabon	Лиссабон	lissabon
Londen	Лондон	london
Los Angeles	Лос-Анджелес	los-andʒeles
Lyon	Лион	lion
Madrid	Мадрид	madrid
Marseille	Марсель	marselʲ
Mexico-Stad	Мехико	meχiko
Miami	Майями	majami
Montreal	Монреаль	monrealʲ
Moskou	Москва	moskva
München	Мюнхен	mʉnχen
Nairobi	Найроби	najrobi
Napels	Неаполь	neapolʲ
New York	Нью-Йорк	njʉ-jork
Nice	Ницца	nitstsa
Oslo	Осло	oslo
Ottawa	Оттава	ottava
Parijs	Париж	paridʒ
Peking	Пекин	pekin
Praag	Прага	praga
Rio de Janeiro	Рио-де-Жанейро	rio-de-dʒanejro
Rome	Рим	rim
Seoel	Сеул	seul
Singapore	Сингапур	singapur
Sint-Petersburg	Санкт-Петербург	sankt-peterburg
Sjanghai	Шанхай	ʃanχaj
Stockholm	Стокгольм	stokgolʲm
Sydney	Сидней	sidnej
Taipei	Тайпей	tajpej
Tokio	Токио	tokio
Toronto	Торонто	toronto

Venetië	**Венеция**	venetsija
Warschau	**Варшава**	varʃava
Washington	**Вашингтон**	waʃington
Wenen	**Вена**	vena